ワークシート式

はじめての心理学

井上のり子 Inoue Noriko

PSYCHOLOGY

経済界

はじめに

「心理学」というと、いくらやさしく教えられても難しい学問のように思われるかもしれません。しかし、心理学は実のところ、他者から教えられて学ぶものではありません。自分が実際に「わたし」自身を振り返ってみて感じるところ、それをさまざまな角度から説明しているに過ぎません。「わたしって、何なの？」。この問いかけが、心理学のスタートです。

　この本は「専門書」ではありません。自分の生き方や心をふり返って、「わたし」自身を知るためのヒント集です。それこそが、「心理学」の入門だからです。
「わたし」の人生は、記憶に残る印象的な出来事ばかりではありません。むしろ、覚えてもいない日常こそが、いまの「わたし」をつくってきたともいえるのです。そんな忘れてしまった自分に気づくための問いかけや、ちょっとあやしく思えるテストを、この本ではたくさん準備しています。きっと、いろいろな角度から自分を眺められるでしょう。

　心理学の基本は、学問というより、自らを知って自分に自信を持つための術です。
「問題の解決方法は結局、問題を抱えた人自身が持っている」とよくいわれます。私もこの数十年の間、心理相談や学生相談に乗るほどにこのことを強く実感してきました。問題が解決されるときというのは、鏡に映った自分を相談相手に、自分と会話しながら答えを見つけているのかもしれません。この本は、こうした「わたし」の棚卸しをするための本ともいえます。

「心理学」などと気負わずに、人生を心地よくするためのテクニック集だと思って、ぜひ興味のあるところから、気軽に読み＆書き進めてみてください。何かの発見があれば、幸いです。

2018年　　著者

ワークシート式はじめての心理学

はじめに　2
参考資料　6

第1章　心理学と「わたし」——こころの機能

1　アイデンティティ　「わたし」ってなんだろう？　8
2　感覚と知覚　「わたし」を取り囲む世界の情報収集　10
3　認知　世界は「わたし」の感情や行動で大きく変化！　12
4　感情　行動のエネルギーは「気持ちよい」こと　14
5　思考　わたしの目標にたどりつくための道筋　16
6　知能・知恵　知的な活動を支える「わたし」のこころ　18
7　学習　経験が「わたし」の行動を変える　20
8　記憶　わたしの情報は死ぬまで保存されている　22
9　人格　「わたし」らしさは、どうやってつくられるのか　24
10　動機　目標にたどりつきたい心が身体を動かす　26
11　適応　「こころ」と社会の折り合いをつけるために　28

コラム　いまどきの神話　30

第2章　「わたし」をつくる発達——こころの成長

1　発達とは　心の成長は一生、続く　32
2　胎児期の発達　生まれる前からはじまる発達　34
3　乳児期の発達　外の世界を認めて、信じられるかがカギ　36
4　幼児前期の発達　トイレで欲求の満たし方を学ぶ　38
5　幼児後期の発達　自我が芽生えて社会性を身につける　40
6　児童期の発達　社会の一員という意識が生まれてくる　42
7　思春期の発達　大人の身体への葛藤が発達の源　44
8　青年期の発達　大人になるための最終関門　46
9　成人期の発達　新たなスタートを切るために必要なもの　48
10　中年期の発達　創造と衰えのバランスが重要　50
11　老年期（前期）の発達　喪失を実感し変化を受け容れる　52
12　老年期（後期）の発達　死をいかに受け入れるかが最後の課題　54

コラム　不妊治療と出生前診断　56

第3章　さまざまな精神疾患──こころの病気

  1 障碍の原因 心のトラブルはなぜ起きるのか？　58
  2 器質性障碍 身体の病気が心の病気を引き起こす　60
  3 統合失調症 心の基本的な働きにトラブルがあったとき　62
  4 気分（感情）障碍 気分がコントロールできない心のカゼ　64
  5 神経症 本当はこわい、ストレスから生じる不安や恐怖　66
  6 心身症 過度の気遣う心が身体の病をまねいてしまう　68
  7 人格障碍 「困った人」ももしかすると精神疾患　70
  8 依存症 いちばん身近な精神疾患　72
  9 サポート 心の病気を理解して、ふつうに対応することがいちばん　74

  コラム 虐待について　76

第4章　さまざまな心理療法──こころの治療

  1 心理療法の基本 セラピーに求められるもの　78
  2 精神分析療法 心の奥底に押し込めたものは何ですか　80
  3 来談者中心療法 悩んでいるあなたを尊重します　82
  4 ゲシュタルト療法 あなたが感じ、気づくことからはじめましょう　84
  5 行動療法 適切な行動を身につけましょう　86
  6 認知行動療法 思い込みを修正してみましょう　88
  7 交流分析 人間関係を分析してみよう　90
  8 芸術療法 言葉を使わない治療法　92
  9 自律訓練法 想像力、自己暗示も一つの治療法　94
  10 これからの心理療法 心理療法も新しい環境に適応していく　96

  コラム 障碍という言葉　98

さまざまな心理テスト

1 ２０答法　100
2 対人的開放性　101
3 感情曲線作成　102
4 ライフイベントスケール　103
5 うつ傾向自己診断　104
6 ストレス度チェック　105
7 ストレス耐性度チェック　106
8 タイプAテスト　107
9 原因帰属チェック　108
10 孤独感テスト　110
11 LOVE & LIKE テスト　111
12 恋愛タイプチェック　112
13 エゴグラム　114
14 OK グラム　116
15 ドライバーズチェック　118
16 自我同一性地位尺度　119
17 モラトリアム度　121
18 アサーティブチェック　122
19 リーダーシップ度測定　123
20 境界例チェックリスト　124
21 燃え尽き尺度　126
22 摂食態度検査　127

カバーデザイン：日下　充典

参考資料（順不同）

『生涯人間発達論—人間への深い理解と愛情を育むために』服部祥子（医学書院）
『ヒューマン・ディベロップメント』青柳肇・野田満監修（ナカニシヤ出版）
『子どもの心の発達がわかる本』小西行郎監修（講談社）
『今、親に聞いておくべきこと』上野千鶴子ほか（法研）
『心の病気』齋藤英二監修（西東社）
『こころの健康事典』町沢静夫（朝日出版社）
『ストレス対処実践法』小林展子（チーム医療）
『図解雑学心理学入門』久能徹・松本桂樹監修（ナツメ社）
『新・介護福祉士養成講座１０　介護総合演習・介護実習　第３版』
　　　　　　　介護福祉士養成講座編集委員会編（中央法規出版）
『イラストでわかるやさしい心理学』匠英一監修（成美堂出版）
『手にとるように心理学がわかる本』渋谷昌三（かんき出版）
『自己カウンセリングで本当の自分を発見する本』宗像恒次（中経出版）
『やさしく学べる心理療法の基礎』窪内節子・吉武光世（培風館）
『はじめて学ぶ人の臨床心理学』杉原一昭監修（中央法規出版）
『これからの心の援助』川瀬正裕ほか（ナカニシヤ出版）
「改定長谷川式簡易知能評価スケール（HDS-R）の作成」
　　　　　　　加藤伸司・長谷川和夫ほか（老年精神医学雑誌、1991）
「不妊治療」聖路加看護大学・フィンレージの会

『自分でできる心理学—ばーじょんあっぷ』宮沢秀次ほか（ナカニシヤ出版）
『こころの科学』西野泰広（東洋経済新報社）
『「わたし」をみる・「わたし」をつくる—自己理解の心理学』今川民雄編著（川島書店）
『自分がわかる心理テスト—知らない自分が見えてくる』芦原睦・桂戴作（講談社）
『週刊朝日 1988 年１月１・８号』（朝日新聞社）
『別冊宝島 920　正しい恋人選びがわかる！"恋愛心理テスト"』岡本浩一（宝島社）
『アサーショントレーニング』平木典子（日本・精神技術研究所）
『多様性トレーニングガイド』森田ゆり（部落解放人権研究所）
http://www.sinritest.com/　こころの翼　あなたの物語を応援するサイト

第1章
心理学と「わたし」
——こころの機能

1-1 心理学と「わたし」
アイデンティティ——こころの機能 1
——「わたし」ってなんだろう？——

　私、そして自分。日常生活でまったく気にせず使っている言葉でしょう。私自身が存在していることは疑いようもなく、たしかに身体という実感できるものもあります。しかし、それを感じているのは、あくまで私自身であり、客観的に証明されているわけではありません。また、次項以降で詳しくお話ししますが、私たちの感じている世界、自分の世界を内側の世界とすれば外側の世界といえますが、それも私たち自身の感覚や思考を通して存在しているにすぎません。

　本当に「わたし」が存在しているのか、そういう疑問に答えるのは心理学ではなく哲学になりますが、「われ思うゆえに、われあり」というデカルトの有名な言葉は、心理学の世界とも通じるものがあります。私という存在は身体よりむしろ「私の考える、思うという抽象的な存在ではないだろうか」という問いかけです。つまり、私たち自身が持っている「わたし」という心が、私そのものと考えられるのです。そして、その私の心を通して世界が広がっているのです。

　そういう意味で私たちは思春期を迎えるころ、親から独立した一人の人間としての自分に「私って、何だろう」という問いかけが生まれてきます。エリクソンは心理社会的な課題としてこれを「自我同一性確立　対　同一性拡散」と考えました。
　自我同一性とは、
　　①過去から現在、未来にわたって自己は一貫して不変であるという確信を持つこと
　　②自分の理解する自分は他者から見ても同じで「自分とは、この自分である」と思うこと
　　③以上のことを頭で考えて理解するのでなく、感覚として理解すること
ということで、一般的に**アイデンティティ**と呼ばれている概念です。端的にいえば、青年期に「自分の存在を確信したい」という心の欲求が生まれるのです。
　一方で、物質的に豊かになった近現代では、大人になることを急かされません。社会から求められる義務や責任を最小限に、青年期までのさまざまな経験を統合して自己を確立する余裕があるのです。この猶予期間（**モラトリアム**）はかなり楽ですから、この状態が続けばいいと思うのは当然のことだと思いますが、そのために自我同一性の形成がうまくいかない、またはその状態を維持したい気持ちのために「自分がわからない」という状態にも陥りがちです。これが同一性の拡散です。
　つまり、自分を見つけたいという欲求と楽な状態に居続けたいという気持ちが葛藤するなかで青年期の私たちは自分を見つけていくのです。

ただ、近年では従来のモラトリアムを過ぎて自己を確立していても、正常な「自分探し」が行われる傾向もあります。そのため青年期そのものが引き伸ばされているのではないかという説もあります。
　また、モラトリアムの中身が変わってきたこともあって、境界例（境界性パーソナリティディスオーダー）の下地になっているのでは、という懸念もあります。かつてモラトリアムには、自分に自信がない、人生の目標も見つけられない、大人として半人前の時期という自覚がありました。そして一人前になるための努力、また半人前を受け入れてくれている社会への感謝の気持ちもありました。
　ところが社会の高学歴化や晩婚化によってモラトリアムが当然の権利となり、また長期化できることで、「こころ」が成熟しない危険性が増えてきたのです。たとえば、キレやすい若者という表現がありますが、自分の身に起きる困難や不都合に気づくことができなかったり、気づいたとしてもその表現方法や処理方法がわからなかったりして、結果「キレて」しまうのです。そんな状態では、社会に出る機会が増えるほど困難や不都合が増えていく訳ですから、ふだんの生活に対応できず、「こころの病気」の可能性が高まってしまうでしょう。

　そればかりか、中高年の世代になってくると、社会から要求されるものが難しく、また増える一方で、心身には衰えが見えはじめます。自然と逃げられない状況となってしまうのです。そういう意味では、モラトリアムは自らの意志で自分と向き合わなければいけない試金石なのです。
　現在の自分が、どういう状況に置かれているのか、それを乗り越えるためには何が必要なのか。もし専門家の助けがいるなら、それもまた自分の判断ですから構わず利用しましょう。他人の力を借りようとも、あくまで自らが決断して乗り越えていく。そんな姿勢が、自我を確立するには不可欠です。

　エリクソンによれば、自我同一性を確立するには、いままで私たちが歩んできたそれぞれの時代、心理学では発達段階といいますが、その各段階での課題をクリアする必要があるといいます。発達については２章でくわしく説明しますが、まずは「わたし」という存在を自分の思いこみではなく、外の世界から客観的に見ることができる能力が必要となることはわかっていただけたでしょうか。

　心はつい、私たちのなかだけにあるものと思ってしまいがちです。しかし、心は自我がベースになっていて、その自我は私たち自身と外の世界とのかねあいで存在しています。いってみれば、外の世界と私たち自身の折り合いをつけるのが「こころ」の機能なのです。この章では、そうした機能を一つ一つ、見ていきましょう。

1-2 心理学と「わたし」

感覚と知覚——こころの機能2
——「わたし」を取り囲む世界の情報収集——

　私たちは生きるために**感覚**（sensation）を通して、周囲の情報を集めています。では感覚とは、なにを指すのでしょう。

　私たちの体にある目や耳などの感覚器官は、外界の刺激を受けると受容器が興奮して、その結果、脳に刺激が伝わって意識を経験します（図1-1）。実は、そのことを感覚というのです。

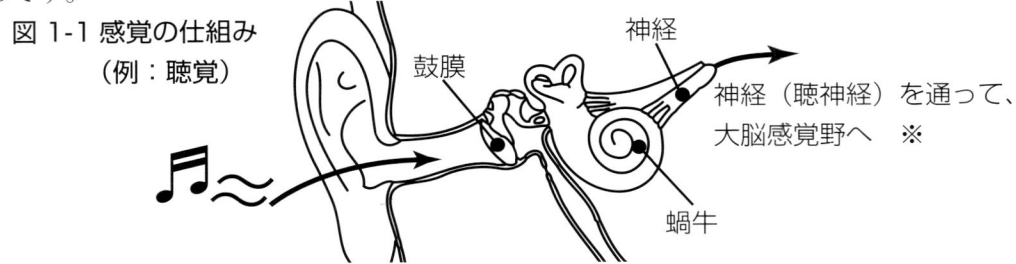

図 1-1 感覚の仕組み
　　　（例：聴覚）

鼓膜　神経　神経（聴神経）を通って、大脳感覚野へ　※　蝸牛

　感覚にはさまざまな種類がありますが、見る・聞く・嗅ぐ・味わう・触れる、にそれぞれ対応する、視覚・聴覚・嗅覚・味覚・触覚の「五感」がよく知られています。なかでも、離れた情報をキャッチする視覚・聴覚は遠感覚、直接に触れた刺激が情報になる味覚・触覚は近感覚、とも呼ばれています。これらの感覚にはどれも限界があって、たとえ物理的な刺激があっても大きすぎたり小さすぎたりすると、感覚としてとらえられません。最小の刺激（**刺激閾**）から最大の刺激（**刺激頂**）の範囲でしか、感覚は生じないのです。

　各感覚器官は、それぞれ特定の刺激しか受け取りません（表1-1）。音という振動を耳以外に、たとえば目で受け取って色を感じる人は、めったにいません。また、これらの感覚のなかでもっとも情報量が多いのが視覚で、情報全体の9割を占めています。ですから、わたしたちの生活では視覚がもっとも重要な情報源となってしまうため、逆に視覚優位の感覚の統合が起きやすいともいわれています。

表 1-1　感覚器官と刺激の対応

【感覚器官】	【感覚受容器】	【刺激】
目	視覚細胞（錐体・桿体）	光（電磁波）
耳	聴覚細胞（蝸牛の有毛細胞）	音波（空気の振動）
舌	味覚細胞（味蕾）	化学物質
鼻	嗅覚細胞	化学物質
皮膚など	受容細胞	物理エネルギー（力や温度）

こうして感覚で集められた情報は、脳に伝わって大脳が瞬間的に過去の経験と照らしあわせて、「意味のあるまとまり」にします。それを**知覚**（perception）といいます。たとえば、道に赤いリンゴが落ちていたのが目に入ります。すると感覚は、リンゴの赤色や形状だけを情報として入手します。これだけでは単なる断片的な情報にすぎません。ですが大脳は過去の経験でリンゴの特徴がわかっているので、瞬間的に「赤いリンゴ」と認識するのです。いってみれば、感覚によって収集された意味の持たない情報**たち**が知覚の働きによって、「自分の周りに何があるのか」という、私たちにとって意味を持った情報に生まれ変わるのです。

　知覚がこのように、情報をひとつのまとまりにしようとする働きを**体制化**といいます。必ずしもいつも同じ働きをするわけではなく、刺激自体の物理的な特性に影響されたり、知覚する私たち自身の経験に左右されることもあります。たとえば図1-2のように、白の部分に注目して杯の絵と認識することもあれば、黒の部分を見て二人が顔をつきあわせている絵と思うこともあります。また図1-3のように、二つの直線は同じ長さなのに、上のほうが長く見えるようなこともあります。こうした客観的な事実がゆがめられて知覚することを**錯覚**（illusion）といい、なかでも視覚による錯覚を**錯視**といいいます。

図1-2　代表的な反転図形（ルビンの杯）　　図1-3　ミュラー・リヤーの錯視図

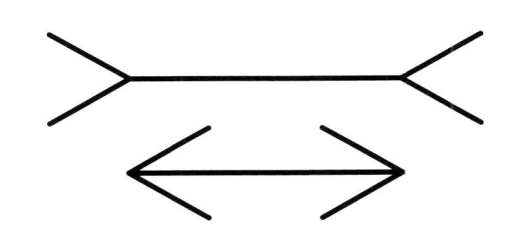

　知覚はまた、そのときどきの興味や注意が向いたものだけを意識する性質もあります。たとえば、興味のないものを見落としたり、通い慣れた道の町並みをはっきり思い出せなかったり、反対にどんな混雑の中でも好きな人をいち早く見つけることができたり、といったことは覚えがあるでしょう。とくに騒がしい場所でも自分にとって重要な話を聞き取ることができるカクテル・パーティ効果は、その代表例です。

　つまり、私たちは外界から無秩序に入ってくる物や出来事の情報を、秩序づけて、また意味づけて「まとまり」のある知覚的世界をつくりあげているのです（プレグナンツの法則）。

やってみよう

５００円玉・１００円玉・１円玉の大きさを、何も見ないで描いてみましょう

1-3 心理学と「わたし」
認知――こころの機能3
――世界は「わたし」の感情や行動で大きく変化！――

　私たちが感覚と知覚によって集めた周囲の情報は、それが何であるかを判断しなければいけません。その過程を**認知**（cognition）といいます。認知という言葉は「認知療法」などと、ものの見方、言語化された思考という意味でも使われますが、より厳密にいえば、感覚・知覚・判断・記憶・推論・課題の発見と解決、言語・情動・欲求などが関わる脳内の情報処理活動と定義づけられます。

　なかでも、知覚されたばかりの情報の処理を**ボトムアップ処理**、知識に基づく処理を**トップダウン処理**と呼び、感覚器官から入ってきた情報を正しく理解するためには、この二つの相互作用が不可欠です。この正しく認識するための過程を**パターン認知**といいます。たとえば図1-4のように同じ形をした文字でも、正しい意味を持つようにHとAを自動的に区別するのです。

図1-4　パターン認知の例

TAE CAT

　また、こうした認知の働きを自覚（認知）することを**メタ認知**といいます。私たちが自分を評価したり反省したりと、自己の思考や行動そのものを客観的に把握できるのは、この働きのおかげともいえるでしょう。この能力の高さは表1-2のような質問を行うことで計ることができます。

表1-2　メタ認知能力チェック
①自分が用いる方法が、どのような問題解決にもっとも効果的か知っている
②どのような方法が有効か十分に考えてから取り組んでいる
③問題の重要な部分に意識的に注意を向けている
④自分がどの程度、理解できているかうまく判断できる
⑤問題が解決したとき、自分がどういう方法を用いたかわかっている
⑥問題に取り組んでいるとき、うまくいっているか定期的にチェックしている
⑦勉強するとき、目的に合わせてやり方を変えている
⑧勉強するとき、計画を立てている
⑨考えが混乱したときは立ち止まって、元に戻って考えている

このように人間は、世界のありのままを見ているわけではありません。その一部を取り出して自分の体験に基づいた方法で解釈することで、認知（情報処理）しているのです。ですから、認知には必ず個人差があって、客観的な世界そのものとは異なった、一人ひとりの世界がつくられます。そのため、誤解や思い込みなどが生まれ、マイナスの感情（怒りや恨みなど）が湧くこともあります。さらにその感情の解消のための不適応な行動につながることもあるでしょう。いわば不都合な認知が結果的に、その人にとって不都合な行動をもたらしてしまうのです。

　認知療法では、この「不都合な認知」から「気分」への流れを書き出すことで不都合な認知を把握することや、別の見方を見つけるために書き出して修正することが行われます。こうしたさまざまな試みは、認知行動療法の章でくわしく説明します。

やってみよう

1）普段から"〜できない"と思っていることを左側に書き出してみましょう
2）右側では左の文章を"〜しない"に書き換えてみましょう

例：掃除ができない　→　掃除をしない

_____　→　_____

_____　→　_____

_____　→　_____

_____　→　_____

_____　→　_____

_____　→　_____

_____　→　_____

_____　→　_____

_____　→　_____

1-4 心理学と「わたし」

感情——こころの機能 4
——行動のエネルギーは「気持ちよい」こと——

　私たち人間と動物の違いは感情があることだ、とよくいわれますが、その感情とは動物にはあまりないといわれる高度で複雑な感覚のことをいいます（表 1-3）

表 1-3　感情の分類

基本感情	派生感情	定義
喜び	嬉しさ・愛しさ・楽しさ・快感・共感・希望・幸せ・安心・自信・好意・感謝・感動・安らぎ・勇気・尊敬・意欲　など	希望が叶えられたり、叶えられそうなときの感情
不安	パニック・焦り・心配・恐れ・気がかり・生命危機の恐怖・見捨てられる恐怖・自己否定の恐怖　など	期待通りにいく見通しがつかないと思うときの感情
怒り	嫉妬・軽蔑・悔しさ・不満・敵意・恨み・嫌悪感・攻撃心・憎しみ・絶望・拒否感・不信・恨み・憤り　など	当然得られるべき期待が得られなかったり、得られそうにないときの感情
怒り	自己嫌悪・同情心・恥ずかしさ・後悔・（強い）情けなさ・罪悪感　など	
悲しさ	悲哀・寂しさ・孤独感・無力感・喪失感・虚無感・失望・絶望・不条理・あきらめ・（弱い）情けなさ　など	期待したものを失ったり、失いそうなときの諦めの感情
苦しさ	つらさ・苦痛・苦悩	期待通りにいかないことが続くときの感情

　精神医学や心理学では感情を、**情動**（affect）、**感情**（emotion）、**気分**（mood）に分けることがあります。情動とは喜怒哀楽のように急激に起こって短時間で終わる、強い心の作用を指し、動悸や汗など身体的な変化を伴います。また、狭い意味での感情はそれほど強くない身体的な変化も少ない心の作用を指し、快 − 不快としてとらえられます。気分は、外部からの刺激がなくても環境などによって影響され、弱くても長期間続く心の作用のことをいいます。

　脳科学では大脳の表面（大脳皮質）や脳の深部（辺縁系など）、身体のさまざまな部位が、密接に相互作用して感情が成り立っていると考えられています。また、感情は思考や認知とも、本人が意識していなくても密接に関係しています。

感情は研究者によってさまざまに定義されていますが、ブリッジェスは乳児期の情緒生活を観察して、人生の早い段階（5歳ごろ）に感情が分化・発達するとしました（表1-4）

乳幼児は母親など相手の表情を見て、笑っている顔は喜びや楽しい感情、怒っている顔は怒りの感情と学んで、感情を育てていきます。こうした相手の表情を見て気持ちを察することを**表情認知**といいますが、感情と反対の表情や無表情（停止顔）で相手をされることが多いと表情認知の能力が育たず、感情表現ができなくなるといわれています。これは感情に関わる扁桃体の発達にトラブルが生じるからです。

私たちは普段、他人の感情や雰囲気を感じ取りながら関係を深めていきます。子供の感情を健全に発達させるためにも、そしてその後の人生での円滑な人間関係のためにも、感情と表情が一致した豊かな愛情を子供に注いで育てることが大切といえます。

表1-4　感情の発達図

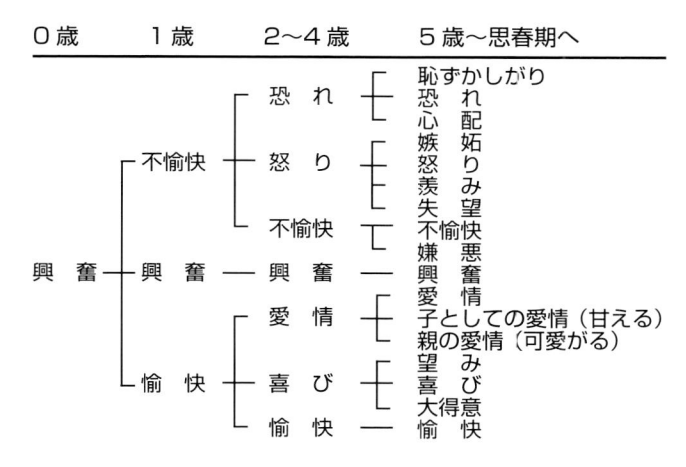

0歳	1歳	2〜4歳	5歳〜思春期へ
興奮	不愉快	恐れ	恥ずかしがり／恐れ／心配
		怒り	嫉妬／怒り／羨み／失望
		不愉快	不愉快／嫌悪
	興奮	興奮	興奮
	愉快	愛情	子としての愛情（甘える）／親の愛情（可愛がる）
		喜び	望み／喜び
		愉快	大得意／愉快

✍やってみよう

次の状況では、あなたはどんな感情を抱きますか？ 感情を自由に書いてみましょう

1）知人を見かけて笑顔で会釈をしたが、相手は黙って通り過ぎていったら、
　わたしは、＿＿＿＿＿＿＿＿＿＿＿＿＿＿＿＿＿＿＿＿＿＿＿＿＿＿＿＿＿＿＿＿＿

2）電車で騒いでいる子供に注意しない親を見ると、
　わたしは、＿＿＿＿＿＿＿＿＿＿＿＿＿＿＿＿＿＿＿＿＿＿＿＿＿＿＿＿＿＿＿＿＿

3）仲間が盛り上がっているところに参加して、しばらくして話題が途切れたら、
　わたしは、＿＿＿＿＿＿＿＿＿＿＿＿＿＿＿＿＿＿＿＿＿＿＿＿＿＿＿＿＿＿＿＿＿

4）仕事でミスをして注意されたら、
　わたしは、＿＿＿＿＿＿＿＿＿＿＿＿＿＿＿＿＿＿＿＿＿＿＿＿＿＿＿＿＿＿＿＿＿

5）3年前に買ったバーゲンの服を「センスがよい素敵な服ですね」とほめられたら、
　わたしは、＿＿＿＿＿＿＿＿＿＿＿＿＿＿＿＿＿＿＿＿＿＿＿＿＿＿＿＿＿＿＿＿

1-5 心理学と「わたし」

思考——こころの機能 5
——わたしの目標にたどりつくための道筋——

　私たちは生活しているなかで、さまざまな出来事に出会っています。それに対してどのように対応するか、その方法を得ようとする一連の精神活動のことを**思考**と呼びます。知覚や記憶だけでは不十分な場合が多く、出来事をどのように理解して、その結果どのような行動を取るべきか、状況に応じた現実的な判断（結論）を導き出すのです。

　正常な思考では一連の流れに論理性と連続性が認められ、その流れは**思考過程**と呼ばれて分析、総合、比較、抽象、概括の各段階に分かれています。分析と総合はもっとも基本的な思考過程で、比較はこの分析と総合に基づいて物事の要素や性質を比べて類似点と相違点を明らかにします。その結果、最終的に抽象と概括にたどりつきます。

　思考には、概念や判断、推論といった**思考形式**があります。概念は先に触れた思考過程を経て、物事の本質をとらえる思考形式といえるでしょう。判断は物事の属性を判定する思考形式で、「感覚や知覚、感情に基づいた判断」とより高次な「思考に基づいた判断」とに大別されます。推論は「ひとつ、もしくは複数か」といった単純な判断から新しい判断を導き出す思考形式で、演繹推理、帰納推理、類推などの種類があります。

　これら概念と判断、推論の間には密接な相互関係があります。概念をつくりあげるにはいくつかの判断と推論を経る必要がありますし、判断はそもそも概念の判定です。推論はすでにある判断を元にして新しい判断を導き出すものといえます。お互いが深く関わっていることがわかるでしょう。

　こうしたさまざまな思考の働きがあっても、私たちは常に正しい結論を下しているわけではありません。どんなに深く考えて取った行動でも、あとから思い返して「思慮が足りなかった」「判断が甘かった」と反省してしまうことは、みなさんも覚えがあるでしょう。こうした失敗は、私たちのなかに無意識の欲望や願望があるために、思考の流れに過ちが生まれてしまうためと考えられています。

　なお、思考自体は言語によって行われる（論理的思考　Logical Thinking）とよくいわれていますが、イメージ思考（Image Thinking）や心像思考、図形的な把握も行われる場合もあると考えられています。

やってみよう
日常記録表に普段の行動を書き出し、思考の過程を考えてみよう

日常記録表

状　況	感　情	自動思考	認知の歪み	合理的な反応	結　果
不快な感情のもとになった出来事を簡単に記載する	1. 悲哀/不安/怒り、など 2. 度合い 1～100%	感情に伴う自動思考	自動思考における認知の誤りの分類	自動思考に対して、合理的な反応を書くこと	その後の気分 1～100%

1-6　心理学と「わたし」

知能・知恵——こころの機能 6
——知的な活動を支える「わたし」のこころ——

　私たちが日常生活で向き合うさまざまな問題は、何らかの形でうまくクリアしていかなければなりません。実際にこれらを処理していく能力、また、そのための精神活動が**知能**（intelligence）です。研究者によって定義はさまざまですが、およそ「目的にかなった行動をし、合理的に考え、環境に対して効果的に対処してゆく能力」というウェクスラーの定義が一般的でしょう。

　知能は決して「勉強ができる力」だけを指す言葉ではありません。抽象的に物事を考える「思考力」や新しい環境になじんでいく「適応力」、相手の心をくむ「思いやり」など、いろいろな能力も含んでいるのです。

　知能というと、**知能指数**（IQ）がすぐ思い出されるかもしれません。しかし、IQ もまた高いほど頭がよいというものではありません。そもそも、こうした知能測定が試みられたのは、知的障碍児を見分けるためです。1905 年、パリの教育当局から依頼された心理学者のビネーがつくったビネー式知能検査が、その最初のものでした。この検査は比較的短い期間に改定が繰り返されましたが、基本は、各年齢に応じた設問に対して正しい回答をした数によって精神年齢（MA）を測定するというものです。各年齢の標準が 100 に設定されていますが、数値の高さに意味があるのではなく、一定の水準に達しているかどうかを確認する測定といえるでしょう。

　この知能がどんな要因から成り立っているかはさまざまな説がありますが、代表的なものがキャッテルとホーンによるモデルで、**結晶性知能**と**流動性知能**に大別されています。結晶性知能は一般的な常識や判断力、理解力といった、これまでの経験や知識に基づいた生活処理能力を指し、学校教育や社会経験の影響が強いといわれています。一方、流動性知能は新しいことを学習したり新しい環境に適応するための問題解決能力のことです。

　ただ知能の質は、その本来の力だけでなく周囲の状態や環境に大きく左右されます。たとえば十分な能力があっても使わなければ衰えますし、能力を使う機会を奪われれば知能を使おうという意欲すら失われます。いわば「やる気」が失われるわけです。またやる気は失敗や成功の原因をどう考えるか、という原因帰属にも大きな影響を受けますので、私たちは普段から自分の思考の傾向にも注意した方がよいでしょう。

　最近では知能だけでなく、**知恵**（wisdom）に注目する傾向も出てきました。知恵とは、十分な手がかりのない不確実な問題を解決する能力です。特に成人期から多くなる人生の問題や葛藤を解決するのは、この能力といえるでしょう。心理的な研究においては「解決

が難しい人生の問題（人生設計課題）」を設定し、その解決策から知恵を測定しようと試みられています（バルテス）。なお、この課題に対する知恵のある反応には、①宣言的知識　②手段的知識　③文脈理解　④価値相対論　⑤不確実性の理解、の要素が含まれます。

表1-5　長谷川式認知症スケール

	質問	回答	
1	お歳はいくつですか?	2年までの誤差は正解。 正解: 1点。	
2	今日は何年の何月何日何曜日ですか?	年、月、日、曜日、正解でそれぞれ1点ずつ、4点満点。	
3	私たちが今いるところはどこですか?	自発的にわかれば2点。5秒おいて、家ですか? 病院ですか? 施設ですか?の中から正しい選択をすれば1点。	
4	これから言う3つの言葉を言ってみて下さい。あとでまた聞きますので、よく覚えておいて下さい。 　1: a)桜、b)猫、c)電車　または 　2: a)梅、b)犬、c)自動車	正解1個につき、1点。 3点満点。	
5	100-7は? それからまた7を引くと?	93: 1点。 86: 1点。2点満点。 最初の答えが不正解のときは打ち切る。	
6	これから言う数字を逆から言って下さい。 6-8-2、3-5-2-9 を逆に言ってもらう。	2-8-6: 1点。 9-2-5-3: 1点。2点満点。 3桁の逆唱に失敗したら、打ち切る。	
7	先ほど覚えてもらった言葉をもう一度言ってみて下さい。	自発的に回答があれば、各2点。 ヒントを与えて正解であれば1点ずつ。 ヒント: a)植物、b)動物、c)乗り物	
8	これから5つの品物を見せます。それを隠しますので何があったかを言って下さい。	時計、鍵、タバコ、ペン、硬貨など相互に無関係なもの。 正解1個につき、1点。	
9	知っている野菜の名前をできるだけ多く言って下さい。	0〜5=0点、6=1点、7=2点、8=3点、9=4点、10=5点。 途中で詰まり、10秒待ってもでてこない場合にはそこで打ち切る。	

考えてみよう

次の場面に遭遇したとき、あなたならどう対応しますか? 考えてみましょう
1）自殺しようとしている友人から電話をもらったとき
2）知り合いの14歳の少女から「妊娠したんだけど……」と相談されたとき

1-7 心理学と「わたし」

学習——こころの機能 7
——経験が「わたし」の行動を変える——

　私たちの能力や行動には、生まれついて持っているものと、学習によって身につけたものとがあります。ここでいう心理学の学習（learning）とは、経験によって動物や人間が継続的な新しい行動を身につけ、それまでの行動に取って代わることをいいます。

　学習行動に関する研究で有名なのが、ロシアの生理学者パブロフの実験です。彼は犬にベルを聞かせてからエサを与えることを繰り返しました。すると、犬はベルの音を聞いただけで、エサがなくても唾液を分泌するようになったのです。つまり、ベルが鳴ればエサがもらえる、という経験の積み重ねで学習したということがいえます。これは**条件反射**と呼ばれ、代表的な**古典的条件付け**（classical conditioning）の一例です。

　またアメリカの心理学者ソーンダイクは猫の学習行動を観察して、**試行錯誤**（trial and error）説を発表しました。彼は踏み板で扉が開く仕掛けのある箱に空腹の猫を入れ、扉のそばにエサを置きました。すると最初は猫もただ箱の中を動き回るだけなのですが、偶然に踏み板を踏むと扉が開いて、エサを得ることができました。この偶然を何度か繰り返しているうち、猫は箱に入れられるとすぐに踏み板を踏んで、箱から脱出することを覚えたのです。つまり、問題に対して解決したり適応するため、さまざまな方法を試みて（試行）、多くの失敗をしながら（錯誤）、自分に満足をもたらす方法だけが残る、それが学習だというのです。

　さらにアメリカの心理学者スキナーは、ソーンダイクの実験箱に似たスキナーボックスという実験箱をつくり（図1-5）、ラットの実験によって罰や報酬といった外的な要因が学習行動を決めるという学説を発表しました。この実験では、偶然レバーに触れてエサを得た空腹のラットが、次第にレバーを押してエサを獲得する様子が観察されました。これはエサという報酬（**強化子**）につられて学習したといえるでしょう。この学習行動は、レバーを押す行為がエサを得るための道具となっていることから道具的条件付けといわれ、条件反射のような受動的な学習ではなくラットが自発的に学習したことから**オペラント条件付け**（operant conditioning）とも呼ばれています。

　スキナーの実験では、レバーを押すたびにエサがもらえた（連続強化）ラットがレバー押しを止めなくなったのと同様に、レバーを押してもたまにしかエサがもらえない（部分強化）ラットもレバー押しを止めませんでした。おそらく「今度こそは」という気持ちでレバーを押し続け、レバー押しという行動が学習されたものと考えられています。私たち

人間がギャンブルにはまってしまう心理と共通する部分といえるでしょう。

　こうした報酬や罰の与え方は私たちの実社会でもよく応用されていますが、いくつかの法則があります。アメリカの心理学者ハルの強化理論によれば、効果を上げるためには正しい反応をしたあとにできるだけ多く、対象（報酬を受ける相手）が好む強化子を与える必要があります。また、罰については以下のような注意点があるとされています。
　①どのような行動がなぜ罰せられたか、対象と理由を明確にする
　②反応の直後に罰を与える
　③関係のない場面や別の機会では罰を与えてはならない
　④罰する時間が長すぎると罰は回避される
　⑤罰を加える側の怒りのはけ口、気晴らしとしてはならない
　⑥罰せられないための正しい反応を知らせる
　⑦罰の鉄則は「反応を罰し、人を罰するな」

　罰は行動の抑制を確かにもたらしますが、使い方によってはさまざまなマイナス面が考えられます。たとえば、罰を与えることによって相手の逃避行動や攻撃行動を助長してしまったり、受動的な回避反応としての無為や無感動（学習性無力感）をまねきやすかったりといった側面を持っています。罰の行使には、報酬を与えるよりも十分な注意が必要だといえるのです。

図1-5　スキナーボックス

1-8 心理学と「わたし」

記憶——こころの機能 8
——わたしの情報は死ぬまで保存されている——

　私たちは以前に経験したことを覚えておいて、必要になったときには思い出さなければなりません。そうしたプロセスや覚えておいた情報を**記憶**（memory）といいます。この過程には、認知心理学では符号化（encoding）・貯蔵（storage）・検索（retrieval）といわれる**記銘・保持・想起**、の三段階があります。

　　記銘　　何かを覚え込むこと
　　保持　　記銘してから次の想起するまで正しく維持すること
　　想起　　記銘したことを思い出すこと

　これらは一つひとつが独立しているわけではありません。プロセスの一部にトラブルが起きれば、記憶という能力は障碍されることになります。そして、経験を記銘したことが、正しく保持されているかどうかは、想起の段階ではじめて明らかになるのです。

　こうした記憶の確認には、**再生**と**再認**の二つがあります。再生は記憶を思い出して言葉や文章で再現することで、再認は「以前に経験した」と思い出すことです。もちろんどちらの方法も誤りが起きたり変容が起きたりしますが、再認はあまり加齢による変容がないとされています。

　記憶のモデルは、スクワイアの記憶分類という分類法が一般的です。それによると記憶は、**感覚記憶、短期記憶、長期記憶**の三つに大きく分類されます（図1-6）。感覚記憶は感覚器官に残る記憶のことで、注意を向けないとそのまま消えていきます。短期記憶は約20秒間は保持されますが、7±2（マジカルナンバー7）個の情報しか保てません。そこで維持リハーサルを行うことで忘れるのを防ぎます。短期記憶のひとつである作動記憶（ワーキングメモリ）は情報の保存だけでなく、一時的な保存とともに認知的な情報処理も行います。

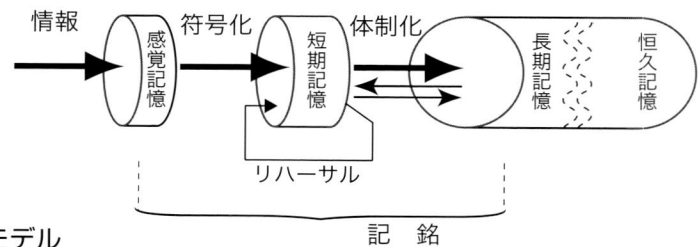

図 1-6　記憶のモデル

長期記憶は文字どおり長期間保たれ、一般的に記憶と呼ばれるものです。短期記憶から転送されて保存される情報で、基本的には死ぬまで保持されます。ただ忘却されることもあり、原因については減衰説・干渉説・検索失敗説があります。減衰説は時間とともに失われていくという説、干渉説は記憶がほかの記憶と干渉を起こすことによって失われてしまうという説、検索失敗説は情報自体が消えるのではなく適切な検索手がかりが見つからず記憶にアクセスできないという説です。この長期記憶の忘却は、エビングハウスの忘却曲線によって表されます。

　長期記憶は大きく、**非陳述記憶**と**陳述記憶**の二つに分類されます。非陳述記憶（非宣言的記憶・潜在記憶）は大脳基底核と小脳を使う「技の記憶」で、自転車の乗り方や水泳といった行動を繰り返すことで身につく記憶です。陳述記憶（宣言的記憶・顕在記憶）は海馬を使う「知識や思い出の記憶」で、知識や出来事について記述したり表現できる記憶です。陳述記憶はさらに個人の生活に関係した記憶（**エピソード記憶**）と一般的な知識についての記憶（**意味記憶**）に分けることができます。

　記憶と脳の関係は近年、生理学的な研究によってわかってきました。そして記憶に関与する脳の一部分が損傷すると記憶障碍が起きてしまうのです。たとえば、側頭葉の内側部や辺縁系の海馬や扁桃核を損傷すると、新しいことを覚えられなくなる**前向健忘**になり、視床や乳頭体を損傷すると、古いことが思い出せない**逆向健忘**になってしまいます。

　また、年をとると記憶力が低下するといわれていますが、朝食のメニューが思い出せないことは記憶の正常老化（良性老人性もの忘れ）ですから、それほど問題ありません。しかし、朝食を食べたこと自体を忘れてしまうような例は記憶の異常老化（悪性健忘）の可能性が高く、早めに専門医に相談しなければなりません。

　年をとらなくてもつい、ど忘れしてしまうことはしばしばあると思いますが、これはとくに障碍ではありません。短期記憶に関係する海馬の力が弱まると、ど忘れが起きやすくなると考えられています。しかし、海馬は年齢に関係なく、使われることによって鍛えられる器官ですから、記憶力増大のためにも海馬の力を高めたほうがよいと思われます。
　①繰り返し思い出す　②強い興味を持って覚える　③何かに関連つける　④書いたり声に出して読む　の四つのポイントに気をつけましょう。

👉やってみよう

あなたのど忘れ度をチェックしてみましょう。
1）お昼に何を食べたか思い出せない
2）人の名前や地名が思い出せない
3）いつもは書ける漢字なのに、突然書き方がわからなくなる
4）新しいことがどうしても覚えられない
5）ついさっき何をしようとしたか忘れがちだ

1-9　心理学と「わたし」

人格——こころの機能9
——「わたし」らしさは、どうやってつくられるのか——

　ある状況下で、全ての人が同じ行動をとることはありません。困ったとき、誰かに助けを求める人もいれば、自分で解決しようとする人もいます。それぞれ「その人らしい」行動をとるのです。仲のよい友人や家族であれば、その状況下でどんな行動をとるのか推測できることがあります。それは、その人特有の行動傾向（パターン）がわかるからです。
　こうした一貫性と持続性のある、個人の思考や行動を特徴づけている心と身体のシステムを**人格**（personality）といいます。そして、この人格は個人の成長とともに変化、発展を続けていきます。

　こうした人格が、果たして生まれつきのものか、育っていく間に環境の影響を受けて形成されていくのか、古くからさまざまな論争がありました。現在では、親から受け継いだ遺伝的な要因と育った環境が影響しあって形成されるという相互作用説や、遺伝的な素質や才能の発揮にはそれぞれに固有の閾値（最低限の環境、一定水準）が必要である、とするジェンセンの環境閾値説などが有力視されています。
　たとえば身長はほとんど遺伝的に決まりますが、十分な栄養が与えられていなければ身長は伸びません。栄養という最低限の環境が必要なわけです。環境閾値説ではこうした考え方をもっと広くとらえて、遺伝的な要因が表れるかどうか、また表れる強さにも条件があると考えるのです。

　この人格の中心となるのは、その人の感情的特性（憂うつ・冷静・短気・陽気など）の基盤となっている**気質**（temperament）です。こうした特性は、生まれたばかりの赤ん坊でも個人差がはっきりしています。この気質がさらに年齢や教育、環境をとおして変化していったものが**性格**（character）といえるでしょう。性格と人格はよく混同されますが、性格は人格に含まれるもので、人格は意志や意欲といった範囲にまで広がる概念です。そのため、人格のなかでも時代や社会の影響を強く受けている側面は社会的性格ともいいます。心理学では人格を理解するため、性格にさまざまな方法でアプローチしましたが、その方向性は大きく2つに分かれています。

　まず、**類型論**という、性格を一定の法則にしたがって分類して特徴づけようというものがあります。ドイツの精神医学者、クレッチマーは体型と性格を結びつけ、細身型－分裂気質、肥満型－躁鬱気質、闘士型－粘着気質と分類しました。また、スイスの精神科医、ユングは心の向け方と性格を結びつけて外向性と内向性に分け、それをさらに思考・感情・

感覚・直感に分類することで合計8パターンに性格を分けました。類型論は、複雑な性格をおおまかに理解するにはとても便利なのですが、性格を画一化してとらえやすく、中間型や混合型も一緒くたにしてしまう危険性があります。

　その一方で**特性論**という、「社交性」や「攻撃性」といった万人共通の特性に注目して、それをどの程度持っているか、量的な判断で性格を計ろうというものもあります。人によって性格が異なるのは、質が違うのではなく、程度の違いという考え方といえます。代表的な研究者には、オールポートやキャッテルがいます。特性論は性格を数量化しているのでわかりやすく個人差の比較もかんたんですが、どうしても断片的な分析となって全体像がつかみにくい欠点があります。

　両者はともに一長一短があるので、その融合が試みられ、代表例にはアイゼンクのクライテリオン分析があります。彼は個人の行動パターン（特殊反応）が繰り返されることで習慣化され、持続度・硬さ・主観性・羞恥心・易感性という特性因子が定まったものを類型としました。彼のいう類型は従来の類型論でいう「分類」の意味ではなく、外向性と内向性といった傾向を示すための直線の「両極」という意味で使っています。
　現在では、こうした性格の判別方法を応用して、以下のようなさまざまな性格テストが発表されています。

１）**質問紙法**
　　質問項目と回答の選択肢があらかじめ決まっているテスト
　　　矢田部・ギルフォード性格検査、ミネソタ多面人格目録など
２）**作業検査法**
　　絵や図形、道具を使って作業をし、その経過や結果から特徴をとらえるテスト
　　　内田・クレペリン精神作業検査、ベンダー視覚・運動ゲシュタルトテストなど
３）**投影法**
　　あいまいな刺激に対してどのように反応するかを見るテスト
　　　ロールシャッハテスト、文章完成法テストなど

考えてみよう
あなたは血液型占いについて、どう考えていますか？

1-10 心理学と「わたし」

動機——こころの機能 10
——目標にたどりつきたい心が身体を動かす——

　私たちは「なぜ」行動をするのでしょう？　たとえば喉がかわいたとき、まず水を探して、次に水を飲みます。この場合、「喉がかわいた」という欲求と「水がある」という誘因（incentive）が、「水を飲む」という行動（behavior）を導いているといえるでしょう。こうした行動を起こさせ、また方向づけ、持続させる一連の過程、心理学では**動機づけ**（motivation）といいますが、これがあるから人は行動するのです。

　ここで出てきた「動機」という言葉ですが厳密には、喉がかわいたといった生命維持のための生理的な欲求は動因（drive）と呼ばれ、心理学一般で動機（motive）というと「より優れている」だとか「認めてもらいたい」といった社会生活における欲求を指します。動機は精神的、感情的な満足と深く関わっているため、社会や文化といった個人の環境によって大きく異なります。ですから心理学では動因よりも、もっぱら動機に注目します。

　この欲求に階層性があるとしたのが、オーストリアの精神医学者、マズローです。彼は下位にある欲求が満たされれば、次第に上位の欲求が表れていくと考えました。そして最終的には、才能や能力を十分に生かして自分を完成させようという、自己実現（self acutualization）の欲求が生まれると考えたのです（図1-7）。

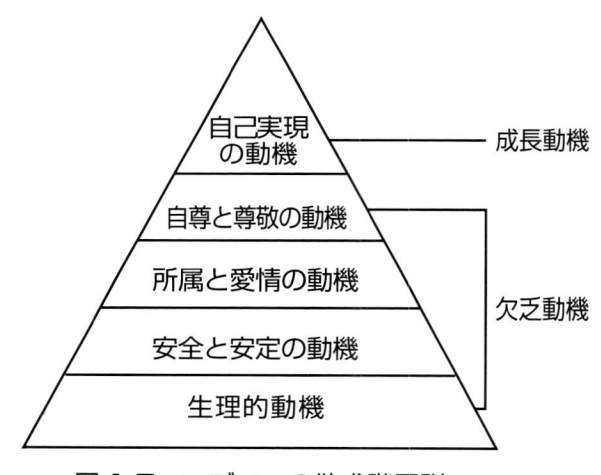

図 1-7　マズローの欲求階層説

　このように行動は欲求（動機）から生まれるので、行動の特徴は元になった欲求の性質に強く影響されます。まず、行動そのものが目的となっている**内発的動機づけ**があります。好奇心や関心がその元になっていて、幼児期によく見られます。行動自体が目的なのですから、きわめて効率よく行動し、長く持続されます。これの対になるのが**外発的動機づけ**で、義務や賞罰といった外部報酬が目的となります。内発的な動機と同様に、行動を持続させる力は強いのですが、長い目で見ると欲求不満や挫折といったデメリットもあり、またより大きな外部報酬が必要となってきます。しかし、この二つは必ずしも相反すること

ではありません。外部報酬を期待してはじめた行動が、続けているうちに行動自体に興味を持つようになる、というのは皆さんの実生活でも覚えがあることでしょう。

　ある目標に向かってたどりつこうとする動機もあります。これは**達成動機**と呼ばれますが、認めることやはげますことで動機を高められる一方、「〜をしてはいけない」という否定的な方向性では低下する傾向があります。また達成動機は、成功や失敗の理由をどこに求めるかという原因帰属と大きく関わっています。達成動機が高ければ行動の結果は自分の能力や努力次第と考えるので、成功や失敗にかかわらず動機は高い水準で保たれます。反対に、達成動機の低い人は結果を運や目標のせいにしがちで、失敗したときにはあきらめやすく自分の能力や努力に目を向けないので、目標の水準は一向に高くなりません。
　このような性質が動機にはあるので、動機を高いレベルで保とうとするには以下のようなことがらに気をつけましょう。
　　①知的好奇心や関心を呼び起こす
　　②目標に対する価値やその意味を意識する
　　③成功と失敗が五分五分程度の高い目標を立てる
　　④目標を明確にし、それを自覚する
　　⑤自分の力で成功したことに喜びを感じる
　　⑥行動するのは自分であることを意識する
　　⑦成功や失敗の原因を正しく認知する
　　⑧行動の結果をフィードバックする
　　⑨競争することと協力しあうことを利用する
　　⑩賞罰を適切に与える

考えてみよう

あなたが行動を起こすとき、どのような理由が多いですか？　また行動を続ける理由は何でしょう？　自分の普段の行動をふりかえってみましょう。

1-11 心理学と「わたし」
適応——こころの機能 11
——「こころ」と社会の折り合いをつけるために——

　私たちが「こころ」の健康を保つためには、からだの健康はもとより、まわりの環境とも調和する必要があります。そうした心理的に安定した状態を「**適応（adjustment）**」といいます。ところが、現代社会では情報があふれ、技術も急激に進歩するため、適応すべき環境自体が日々、変わっています。適応の限界を超えることも多いといえるでしょう。

　人の身体は適応できなかったとき、不適応反応を引き起こします。欲求や願望が阻止されたことで不安感や焦燥感、劣等感といった不安定な兆候が表れ、発汗や動悸、頭痛など身体にも症状が出てくるのです。こうした欲求が阻止されている状態をフラストレーション事態といいますが、これへの耐性は大きな個人差があります。たとえば、フラストレーションに対する対処行動（コーピング）で、攻撃的な反応や退行をとる人は耐性が低く、対処の効果も高くありません。一方で、目標や手段の再検討をする人は理性的で耐性が高く、原因となっている問題自体も改善されやすいといえます。

　このような外部の環境によって精神的、身体的に負荷がかかった状態が、いわゆる**ストレス**です。もともとは金属がゆがめられたとき、元に戻ろうとする力を指す言葉でした。それがハンス・セリエによって「何らかの刺激が身体に加えられた結果、身体が示した反応」という意味で使うようになりました。

　ストレスの原因となる事柄は**ストレッサー**といい、以下のような種類があります。

物理的ストレッサー	温度、光、音
化学的ストレッサー	タバコ、アルコール、ほこり
生物的ストレッサー	ウイルス、細菌、カビ
社会的ストレッサー	人間関係、ライフサイクルにおける発達段階
心理的ストレッサー	喜怒哀楽などの感情

　ストレッサーから与えられた負荷は個人の耐性に応じたストレス反応を発生させ、人は対処行動をとろうとします。適切に対処できればストレス反応は消えますが、ストレッサーの除去という方向にだけ向かうと、物質的な除去は別にして、ストレス反応はなかなか解消されません。

　ストレスというと「こころ」の健康にとって悪者と思われるかもしれませんが、必ずしもそうではありません。ストレスの要因となるストレッサーがまったくないと、逆に身体

の反応や抵抗力が減ってしまうことが実験でも確かめられています。夢や目標なども実はストレスの一種なのですが、こうしたプラスに働く**ユーストレス**が必要なのです。マイナスに働く**ディストレス**も受け止め方ではユーストレスになり、困難や悪条件でもしっかり受け止める、そうした人間的な成長が大切なのです。

ですが実生活では、ストレスをすべて有益なものにすることは不可能でしょう。マイナスのストレスを山のように抱えているのが実情でしょう。適応できる限界を超えたとき、私たちは自我が傷ついたり崩壊するのを防ぐため、**防衛機制**（defense mechanism）という防御システムを発動させます。

防衛機制には以下のような種類がありますが、必ずしもすべてが現実に即した対処ではありません。うまく発動すれば適応機制として効果があるのですが、うまく発動しないと適応障碍になりかねません。また、過剰に働いてしまったり、現実に対応していなかったりすると、神経症の症状が出たり人格のゆがみに発展しかねません。そうした場合、機制をコントロールする治療も必要になります。

防衛機制の種類

①抑圧　　：　自我を脅かす不都合を無意識に追いやるもっとも基本的な防衛機制
②逃避　　：　欲求不満を感じさせる状況から逃れること
③退行　　：　低い発達段階に戻って未発達な行動をとることで困難を回避すること
④転移　　：　抑圧された感情や衝動を本来の対象とは別の対象にふり向けること
⑤反動形成：　抑圧の対象と正反対のものを意識することで不安を解消すること
⑥同一視　：　理想の人物と自分を同一視することで劣等感から逃れること
⑦投影　　：　自分の欲望などを抑圧し、相手になすりつけること
⑧分離　　：　観念は保ちつつも感情を分離して抑圧すること
⑨分裂　　：　抑圧の対象を善と悪に分割して、しばしば悪を攻撃して自分を守ること
⑩合理化　：　自分の失敗を都合のよい理由で正当化すること
⑪代償　　：　目標を他の目標に置きかえることで充足すること。補償と昇華がある

考えてみよう

あなたはどんなストレス解消法を持っていますか？　あなたがストレスを感じたとき、どのような対処をしていますか？

コラム　いまどきの神話

　心理学と神話、まったく畑違いのものに思われるかもしれませんが、実は深い関係があります。といっても、ギリシャ神話のような神話ではありません。現代に生きる私たちが、そのまま信じている、さまざまな神話のことです。
　たとえば、政府でもまじめに検討された「3歳児神話」というものがあります。「こどもは3歳まで生みの母親が養育に専念しないと愛情が十分に注がれず、こどもの発達に悪影響を及ぼす」という説です。
　この本の発達の項目でも触れるように、乳幼児期の発達に親の愛情が深く関わっているのは間違いありません。しかしそれは、生みの母親が育児に専念しなければいけないということではありません。実際、仕事をしながら立派にこどもを育て上げた母親のほうがほとんどだと思います。ですが平成10年の厚生白書で「3歳児神話」が否定されると、働く母親側は「それみたことか」と賛同し、専業主婦側は明確な根拠がないと反論しました。お互いに科学的根拠を、といいながら説を主張しつつ、お互いに非科学的と否定しあっている状況です。まさしく、なにが正しいのか、誤っているのかという話は棚上げされて、女性の生き方を支える神話として一人歩きしてしまっています。

　本来、自分に都合のよい主張だけを受け入れて、快活に過ごしていけばいいのですが、なかなかそういうわけにはいきません。たとえば嫁と姑で考え方が違えば、現代的に共働きをしている嫁に対し、3歳児神話をもとに姑が非難するかもしれません。そうなると、心理的には非常に大きな負担がかかってしまいます。また、その神話を本人がうのみにしてしまい、働きながら子育てしていることに罪悪感を感じるかもしれません。
　結局のところ、神話は自分に都合よく解釈され、実体がないのに、ストレス因子としては確かに存在してしまっているのです。
　こうした神話には、ほかにも「母性神話」「男性神話」「家族神話」など、いくらでも例が挙げられますが、およそ肯定派と否定派で水掛け論をして結論も出ていません。自分の生き方、あり方に不安があると、それに振り回されてストレス因子になってしまう。それが唯一の事実ともいえるでしょう。
　繰り返すようですが、自分の生き方に確信を持つ、いわば自我の同一性が確立されていれば、賛否両論がある場合、都合のよい論理に従って心地よい生活を送ることができます。一方で、うまく確立されていないと、神話は自分にとって邪魔な存在でしかありません。こうした視点から、一度、冷静に見る必要のあるのが現代の神話だといえるでしょう。

第2章
「わたし」をつくる発達
──こころの成長

2-1 「わたし」をつくる発達

発達とは――こころの成長 1
――心の成長は一生、続く――

　私たち人は、一生の間にさまざまな営みを通して身体も心も成長していきます。その変化を**発達**（development）といいます。一人ひとりの経験はさまざまで、まったく同じということはありません。ですが、人生というサイクル（人生周期）においては、誰もがおっぱいを飲み、はいはいをして立ち上がるように、万人に共通する変化や経験があります。こうした変化を節目で区切ったものが発達段階です。

　発達には一定の規則性があり、発達する順番や方向は決まっていますが、その速度は個人差があり、成熟の度合いや学習の内容によっても変わってきます。何より重要なのは、ある特定の期間は著しく発達しても、その時期を逃すと発達が困難になる臨界期があるということです。このことは人の一生についてまわるので、精神分析や心理療法に応用され、個々の行動や考え方を理解する情報になります。

　そういう意味で発達時期という成長の段階で区切る方法は、発達の内容を把握するのに非常に便利な概念といえます。ピアジェによる認知論から見た知的発達段階、フロイトによる心理性的発達論を経て、エリクソンは社会的な視点を加えて、8つの漸成発達段階に分けました。そして、それぞれの段階には固有の発達課題があるとしました。

　健全に発達段階を修了していくには、それぞれに達成しておくべき課題があり、それをクリアしていないとスムーズに次の段階に移れません。これは社会的には、通常、その世代に対して求められる「要求＝常識」と重なります。

　かつては生まれたときから青年期に向かって発達し、成人期からあとは衰えるだけと考えられていましたが、長寿化と研究の発展で老年期でもさまざまな発達が見られることがわかってきました。人は一生をかけて発達する**生涯発達**（life-span development）という考え方に進んできたのです。

　人はこの「健全」を目指しながらも、不健全という危機を抱えて発達していかなければなりません。相反する二つの葛藤をいかに解決していくか、明確な正答はありませんが、その過程が自我を発達させていきます。また、発達課題は必ずしも一定ではありません。時代や社会といった、その人が生きている環境によって強く影響を受けます。だからこそ人は、それぞれ異なった個性というものを持っていくのです。

　本書ではエリクソンの8つの段階に胎児期と思春期を加え、老年期を前後期に分けた説に従っています。それではくわしく各段階を見ていきましょう。

いまの『私』って？？

_____年_____月_____日 記入

♪現在の「私」は、_____

♪「私」の趣味は、_____

♪「私」の生きがいは、_____

♪「私」自身の好きなところは、_____

♪「私」自身の嫌いなところは、_____

♪「私」の（ クセ ・ 口グセ ）は、_____

♪「私」がよくやる失敗は、_____

♪「私」がストレスに感じるのは、_____

♪「私」が怒りを感じるのは、_____

♪「私」が喜びを感じるのは、_____

○私の家系図を作成してみましょう○

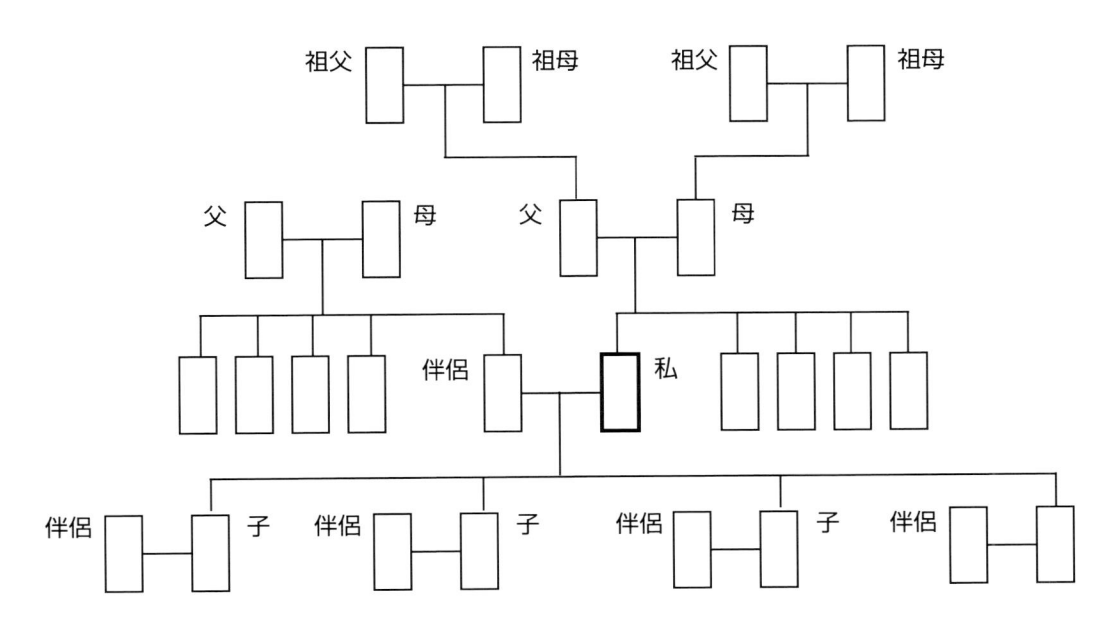

（家系図を作成したら、自分に◇似ている人や♪憧れの人、○好きな人×嫌いな人に、マークをつけてみましょう）

2-2 「わたし」をつくる発達

胎児期の発達——こころの成長 2
——生まれる前からはじまる発達——

　人はいつの段階から「人」なのかという問題があります。バイオテクノロジーが進んだ結果、生命倫理の論議がはげしいですが、少なくとも生物学的には受精した瞬間から細胞分裂という成長がはじまります。父親の精子が母親の胎内に射精され、3億分の1の確率で卵子と精子が結合（受精）して、はじめて人は「成長」の機会が与えられます。ただ、あくまでもこれは生物学的な話であって、人は出生を「生まれる」と考えています。その意味で受精から出生までの間を**胎児期**と区分けし、研究の対象となっています。

　受精した卵子は細胞分裂を繰り返して、単なるかたまりから次第に胎児をかたどるように成長していきます。以前は子宮で羊水に浮かび、外界の刺激から守られた静かな世界で、胎児は育っていると考えられていました。それが近年、医学や超音波診断など技術の進歩により、母体内が検査できるようになり、実は胎児が早い時期から外界から刺激を受けてさまざまな能力を発達させていることがわかってきました。
　（3カ月）体を動かし、指をしゃぶり、歩く練習をし、羊水を飲んで排尿する
　（4カ月）体のバランスをとり、呼吸のような運動をし、記憶をはじめる
　（5カ月）音や熱、匂いを感じるようになる
　（6カ月）味覚や光を感じるようになる
　（7カ月）聴覚や痛覚を感じるようになり、泣き面をする
　（8カ月）睡眠を行うようになり夢を見はじめ、心を持つ

　このように胎児は生まれる前から発達するのですが、胎内にいるため与えられる刺激はすべて母親を通したものです。ですから逆に母親は、成長に必要な酸素や栄養素だけでなく、あらゆる刺激を胎児に与えてしまいます。母親のRh因子や病気のもとになるウイルスといった生物学的なものは当然ですが、飲酒や喫煙による刺激物質、またはストレスが原因で分泌されるホルモンなども胎児に伝わり、発達に必要な「信号」を狂わせてしまうこともあります。ただ、その仕組みについてはさまざまな議論がされています。ホルモンなど生理学的な仕組みが原因なのか、ストレスによって引き起こされた母親の行動が原因なのか、はっきりと区別することが難しいからです。そうはいっても、母親の情緒不安定が胎児に悪影響を及ぼしてしまうことに変わりはありません。一方で、母親の愛情が胎児のストレスを守るとの意見もあります。心から赤ん坊を愛せる環境づくりが、一番の胎教といえるでしょう。

胎児の『私』って？？

_____年_____月_____日 記入

♪　お母さんのお腹の中（胎内）で「私」は、_____

○　「私」の妊娠を知ったとき母は、_____

○　「私」の妊娠を知ったとき父は、_____

○　胎児の「私」の愛称は、_____

○　胎児の「私」は、（　順調　・　普通　・　不安定　）だった

♪　「私」はこの世に、_____のために生まれてきた

☆　「私」の妊娠にかかった費用は、おおよそ　_____円だった
　　（妊娠検診費：_____円　／　出産準備費：_____円　／　その他：_____円）

┌─── ♪♪その他、気がついたことを書いてみましょう♪♪ ───┐

　※　何か覚えていることはある？　明るかった？　何か聴こえた？
　※　自分がお母さんのお腹の中にいるとき、何か印象的なエピソードがあった？

2-3 「わたし」をつくる発達

乳児期の発達――こころの成長 3
――外の世界を認めて、信じられるかがカギ――

　生まれてから 1 年半までを**乳児期**といい、半年ぐらいから寝返り、お座り、はいはい、歩行と能動的な活動がはじまります。それにあわせて周囲にも積極的に関わり世界を広げていきます。こうした成長と歩調をあわせるように、言語能力も大人との関わりのなかで発達します。2 カ月ごろから機嫌がよいときに発声するクーイングをはじめ、3 カ月ごろには人の怒りや優しい声などを区別して、相手の感情に応じた反応をするようになります。半年ほどで言葉の前段階である喃語を使いはじめ、次第に聞き慣れた特定の言葉に反応したり、何か欲しいときに声を出して大人を呼ぶようになります。この段階で人との関わりが少ないと、乳児の声の頻度や種類が少なくなることがわかっています。言葉に反応するようになると、行動やものを言葉に結びつけることを学び、1 年ほどで「マンマ」などの初語が、1 年半で 30～50 語の有意味語と 10 個程度の単語が表れるようになります。

　このように乳児は基本的に言葉を持ちませんから、泣くことでしか自分の感情を訴えられません。それに対し、養育者は乳児の意図をくんで、その欲求に合った世話をします。すると乳児は、自分の置かれている環境が安心できるものということを経験します。また、満足して機嫌がよくなったりスヤスヤと寝入ることが養育者への報酬となり、さらなる養育行動を引き出すともいわれています。乳児はこの養育者との関わりのなかで、愛着という情緒的な暖かいきずなをつくっていきます。そして、世話をしてもらったら笑顔を返すという相互作用の経験を通して、人やこの世界に対して、基本的な信頼感や自己イメージを抱き、情緒的にも安定するといわれています。
　この基本的信頼感が乳児期の発達課題であり、将来的には希望という概念に発展していきます。ですから、もしこの課題がクリアできないと、周囲や社会に対して不信感を抱きやすくなったり、期待や希望を持たない傾向を示してしまいます。こうした課題と対抗する危機を心理学では「**基本的信頼×不信**」というように表記します。

　乳児が課題を達成できるかどうかは愛着の質次第といえ、家族関係や経済状態など乳児本人よりは養育者の問題になります。そういう意味では、この時期によく起きる母親の「子育て不安」など、養育者の心理状態のほうがむしろ重要な要因となります。養育者が精神的に落ち着いていないと乳児が安心できる環境と感じないばかりか、直接的に、養育者の不安が乳児に向けられる場合もあります。極端な例ですが、虐待がこれに当たるでしょう。虐待されたこどもが親になると、約 3 割程度であるとはいえ、そのこどもに虐待してしまう「虐待の連鎖」が生じることもあるのです。

生まれた『私』って？？

_____年_____月_____日　記入

○ 「私」の誕生日時は、_____年_____月_____日　午前・午後_____時_____分　で

　　生まれた場所は、_____だった

○ 出生時の「私」の体重は、_____グラム、身長は、_____センチだった

○ 「私」は、_____人家族、_____人きょうだいの_____番目として生まれた

♪　生まれてくるとき「私」は、_____

♪　生まれてきてすぐに「私」は、_____

○ 「私」が誕生したとき母は、_____

○ 「私」が誕生したとき父は、_____

○ 「私」が生まれたときの状況は、_____

○ 「私」の名前をつけた人（命名者）は、_____で

　　その由来は、_____

○ 「私」の出生は、（　非常に安産　・　安産　・　普通　・　難産　）だった

○ 「私」が生まれたときの実家の仕事は、_____

☆ 「私」の誕生と出産にかかった費用は、おおよそ_____円だった

　　（分娩費：_____円　／　入院費：_____円　／　その他：_____円）

○ 親にとって「私」は、_____な赤ちゃんだった

─────♪♪その他、気がついたことを書いてみましょう♪♪─────

※　何か覚えていることはある？　おっぱいの味は？　おっぱいを飲んでいるときの気持ちは？
※　自分が生まれたときに住んでいた家や間取りを、別紙に描いてみましょう

2-4 「わたし」をつくる発達

幼児前期の発達——こころの成長４
——トイレで欲求の満たし方を学ぶ——

　生後１年半から就学までの時期を幼児期と定義づけますが、３歳で身体的にほぼ完成するため、そこを境に前後期で分けて考えられています。ですから**幼児前期**は身体の内外の機能が飛躍的に高まる時期です。まず身体の内部では神経回路ができあがり、脳に伝えられた感覚などを言語で表現できるようになります。また外部では運動機能が発達して、自力で立って歩くなど、自分でできることが増えてきます。こうしたことから、発達の個人差とともに、発達に関わる障碍が目に見えはじめるのもこの時期といえます。

　この時期のこどもの心は、まだ主観と客観が分かれていません。そのため自己中心的な傾向があり、数の把握も直感的で見かけに左右されてしまいます。また、生物と無生物の区別もつかず、太陽や月に顔があって笑ったり泣いたりする相貌的知覚を行います。
　言語能力は大人の言葉を模倣するようになって語彙が急激に増加し、２歳ごろには２語文（単語２つの文章）がはじまり、性別によって言葉を使い分けるようになります。３歳ごろで過去と現在、単数と複数を使い分け、早いこどもは３語文をはじめます。

　幼児前期の最大の特徴が筋肉の発達です。身体全体を使った運動が可能になり活動範囲が広がっていきますが、なかでも重要なのが排泄行為です。筋肉が発達し自分の意志で排泄ができるようになると「尿意や便意（欲求）→トイレに行く（我慢）→排泄（充足）」というトイレット・トレーニングを通して、自ら欲求を満たす方法を学ぶからです。このことでこどもは「自分を思い通りにコントロール」する喜びを知ります。また、溜める楽しさ、手放す楽しさを知ることで、自分の行動や感情を抑えたり、発散させたりしてコントロールする**意志**の能力を獲得していくのです。
　しつけもまた、この一連に沿ったものといえます。乳児のころと違ってこどもは、自分の欲求を満たしてもらうことができないばかりか、食事や着替え、就寝などルールを強いられます。相当に窮屈な思いをする一方で、要求を満たせば母親など養育者は喜んでくれます。それが強い動機になって、「他者は自分の欲求を満足させてくれるもの」という自己中心性を抑え、自制を学んでいきます。
　こうした自律性の獲得が、幼児前期の発達課題です。自分の意志で自分の行動を制御するこの能力が獲得できないと、恥ずかしいという思いや自分の能力を疑う気持ちが強くなってしまいます（**自律性×恥・疑惑**）。また、行動範囲が広がることでこどもは「自分でやってみる」ことに挑戦しはじめます。母親としては「自分への依存」が薄らいで寂しいですが、その思いにこだわると発達の過程に強く影響を及ぼすことにもなります。

赤ちゃんの『私』って？？　　　＿＿＿年＿＿＿月＿＿＿日　記入

○「私」がはじめて口にした言葉は、＿＿＿＿＿＿＿＿＿＿＿＿＿＿＿＿＿＿＿だった（＿＿歳＿＿カ月）

○「私」がはじめて口にした食べ物は、＿＿＿＿＿＿＿＿＿＿＿＿＿＿＿＿＿だった（＿＿歳＿＿カ月）

○「私」がはじめて歩いたのは、＿＿＿＿＿＿歳＿＿＿カ月のときだった

○「私」が好きだった（　遊び　・　絵本　・　お話　）は、＿＿＿＿＿＿＿＿＿＿＿＿＿＿

○「私」がよく歌っていた歌は、＿＿＿＿＿＿＿＿＿＿＿＿＿＿＿＿＿＿＿＿＿＿＿＿＿

○「私」がよく遊んでいた友だちは、＿＿＿＿＿＿＿＿＿＿＿＿＿＿＿＿＿＿＿＿＿＿＿

○「私」が好きな食べ物は、＿＿＿＿＿＿＿＿＿＿＿＿＿＿＿＿＿＿＿＿＿＿＿＿＿＿＿

○「私」の愛称は、＿＿＿＿＿＿＿＿＿＿＿＿＿＿＿＿＿＿＿＿＿＿＿＿＿＿＿＿＿＿＿

♪「私」がうれしかったのは、＿＿＿＿＿＿＿＿＿＿＿＿＿＿＿＿＿＿＿＿＿＿＿＿＿＿

♪「私」がこわかったのは、＿＿＿＿＿＿＿＿＿＿＿＿＿＿＿＿＿＿＿＿＿＿＿＿＿＿＿

○「私」の（　病気　・　ケガ　・　クセ　）で印象的だったのは、＿＿＿＿＿＿＿＿＿＿＿
＿＿＿

○　親にとって「私」は、＿＿＿＿＿＿＿＿＿＿＿＿＿＿＿＿＿＿＿＿＿＿＿な赤ちゃんだった

○　親は「私」に、＿＿＿＿＿＿＿＿＿＿＿＿＿＿＿＿＿＿な人になって欲しいと思っていた

☆「私」の養育にかかった費用は、おおよそ＿＿＿＿＿＿＿＿＿＿＿＿＿＿円だった
　　　ミルク代：＿＿＿＿＿＿＿円　／　オムツ代：＿＿＿＿＿＿＿円　／　洋服代：＿＿＿＿＿＿＿円
　　　おもちゃ代：＿＿＿＿＿＿＿円　／　医療費：＿＿＿＿＿＿＿円

```
┌──────── ♪♪その他、気がついたことを書いてみましょう♪♪ ────────┐
│                                                                │
│                                                                │
│                                                                │
│                                                                │
│                                                                │
│                                                                │
│     ※　自分が育った家や間取り、よく行った場所などを別紙に描いてみましょう     │
└────────────────────────────────────────┘
```

2-5 「わたし」をつくる発達

幼児後期の発達——こころの成長5
——自我が芽生えて社会性を身につける——

　幼児前期から高まった運動機能が完成すると、細かい動きや高度な動きが可能になり、世界はますます広くなっていきます。また同じく前期に学んだ自律性を求めるルールはいっそう増え、自分の意志も言葉で伝えられるようになると、次第に「いやだ！」「こうしたい！」といった自己主張をはじめます。これが、いわゆる**第一次反抗期**のはじまりにあたり、**幼児後期**の大きな特徴です。

　また、この時期には保育園や幼稚園といった集団生活もはじまります。いままでは自分を受容してくれる家族との関わりしかなかったのが、まったくの外部との関わりができ、喧嘩や衝突といった経験をはじめてすることになります。こどもたちはこうしたトラブルを通して、仲よくなったり、相手の気持ちがわかるようになり、**社会性**を身につけていきます。そして最終的に「どうすれば自分の好ましい状況になるのか」という目的を持って、相手のことを考えながら自分の欲求を抑え、「我慢する」「ルールを守る」といった**自己抑制**をしながら自分の欲求を満たしていくのです。

　このことが幼児後期の発達課題でもある積極性に、深くつながっています。好奇心を持ってもそれが満たされなければ積極性は失われていきます。また、こどもは好奇心からさまざまな行動を起こし、ときには周囲の大人によって注意されて学習していきます。しかし、あまりに過干渉に叱られたり止められたりすると、こどもは積極性や好奇心を「いけないこと」と思い、罪悪感を持ってしまいます（**積極性×罪悪感**）。前段階で得た自律性に加えて、他人の気持ちになってみる客観性という能力が備わって、はじめて課題に到達できるといえるでしょう。

　こうした発達には、こどもの遊びが非常に重要な役割を果たしています。乳児のころはさまざまな感覚刺激を遊びとし、幼児前期では全身を動かしたり「見立て遊び」を楽しみます。それが幼児後期では「ごっこ遊び」が主流になっていきます。ままごとやお店屋ごっこといった友だちとの遊びへと変わり、大人のしぐさや言葉遣いを模倣しながら学ぶとともに、人を客観的に見るようになっていきます。発達に必要な要素を、遊びから自分で見つけていくのです。

　また、この時期から発達に関わる精神障碍のほか、小児うつ病などの精神疾患が表れることがあります。お受験でなくても習いごとをはじめるこどもが多いですが、心身にかかる負担が大きくストレスになってしまうからです。そうした場合、不調を言葉で表現することがまだ難しく、発見が遅れることもしばしばあるので注意が必要です。

幼児の『私』って？？

_____年_____月_____日　記入

○「私」が好きだった（　遊び　・　絵本　・　お話　）は、_____

○「私」がよく歌っていた歌は、_____

○「私」がよく遊んでいたお友達は、_____

○「私」が好きな食べ物は、_____

○「私」のオムツが取れたのは、_____歳____カ月のときだった

○「私」の愛称は、_____

♪「私」がうれしかったのは、_____

♪「私」が怖かったのは、_____

♪「私」は大きくなったら、_____になりたかった

○「私」の（　病気　・　ケガ　・　クセ　）で印象的だったのは、_____
_____

○　親にとって「私」は、_____な子どもだった

○　親は「私」に、_____な人になって欲しいと思っていた

○「私」は、_____な（　保育　・　幼稚　）園児だった

☆「私」の養育と教育にかかった費用（おおよそ）
　　食事代：_____円　／　洋服代：_____円　／　おもちゃ代：_____円
　　医療費：_____円　／　住居費：_____円　／　教育費（習いごとなど）：____円

┌─────♪♪その他、気がついたことを書いてみましょう♪♪─────┐
│   │
│   │
│   │
│   │
│   │
│   │
│　※　自分が育った家や間取り、よく遊んだ場所など思い出深い場所を別紙に描いてみましょう　│
└──┘

2-6 「わたし」をつくる発達

児童期の発達——こころの成長6
――社会の一員という意識が生まれてくる――

　小学校に通いはじめると、好きなことをやっていた環境から一変して、ルールや時間に決められた生活が強要されます。自分がしたいかどうかではなく、ルールで決められたことを、イヤでもしなくてはならなくなるのです。同時に、いままで親が保護してくれていた立場から独り立ちして、自分でさまざまな困難に直面しなければならなくなります。この小学校に通っている大変な時期が**児童期**に相当します。

　児童期の発達課題は**勤勉性**ですが、こうした自分の置かれている状況の裏返しといえるでしょう。イヤなことであっても何とかすませなければならない、つまり努力しなければなりません。一方で、努力することによってルールを満たせば、認められて社会に受け入れられます。こうした経験を通して「やればできる」という**有能感**や自己肯定感を育てていくのです。この達成に失敗してしまうと、何をやってもだめなのだろうという劣等感を強く感じてしまうことになります（**勤勉性×劣等感**）。

　こうした発達の過程でこどもの内面には大きな変化が生じます。まず、保存性と可逆性を理解することが挙げられます。たとえば、コップの水をお椀に移します。見かけは変わってしまいますが、元に戻せば同じ水の量と理解できるのが可逆性で、実質的に量は変わっていないと理解できるのが保存性です。その結果、ものの相互関係が理解できるようになります。また、幼児期に他人の立場が理解できるようになった思考はさらに進んで、自分以外の他人の視点に気づきます。「脱中心的思考」といえるでしょう。そして、この二つの理解から論理的思考が可能になります。ただ、論理的思考は十分な訓練が必要なので、この時期にはまだ目の前の身近な場面にしか使えず、抽象的な思考をするときは自己中心的な思考のままのことが多いといえるでしょう。

　児童期のこどもに強く影響を与えるのは学校の先生で、高学年になると同性の友人に移っていきます。当初は先生が出す課題に応えていくことで、義務感や責任感が養成され、遂行を目指した自己統制が訓練されます。これは発達課題の達成とも深く関わっています。それが次第に友人というコミュニティへの帰属意識（仲間意識）に変わっていくのです。これは道徳の養成と深く関わっています。ルールを守る理由が、怒られるからという権威主義的な発想から、みんなが守っているからという社会の道徳へと変質していきます。

　このように社会性を強く意識しはじめることで、表れる精神障碍も大人と変わらないほど多様になっていきますが、まだそれをうまくは表現できません。さまざまな意味で保護者や教師が連携することが不可欠です。

小学生の『私』って？？

_____年_____月_____日　記入

♪ 「私」が好きだった遊びは、_____

♪ 「私」が好きだった（　番組　・　マンガ　・　お話　）は、_____

♪ 「私」の大切な友だちは、_____

♪ 「私」が好きだった科目は、_____

♪ 「私」が好きだった先生は、_____

♪ 「私」のニックネームは、_____

♪ 「私」は、_____な子どもだった

♪ 「私」がうれしかったのは、_____

♪ 「私」がこわかったのは、_____

♪ 　10歳の「私」の夢は、_____

♪ 「私」にとっての家は、_____

♪ 「私」にとっての学校は、_____

○ 「私」が小学生のときの実家の仕事は、_____

○ 　親にとって「私」は、_____な子どもだった

☆ 「私」の養育と教育にかかった費用（おおよそ）☆
　　　食事代：_____円　／　洋服代：_____円　／　本・文房具代：_____円
　　　医療費：_____円　／　　おこずかい：_____円　／　教育費：_____円

♪♪その他、気がついたことを書いてみましょう♪♪

　　　　※　印象的だった出来事などを書いてみましょう

2-7 「わたし」をつくる発達
思春期の発達──こころの成長 7
──大人の身体への葛藤が発達の源──

　人は12歳前後に性ホルモンの分泌によって第二次性徴を表して身体が急激に変化しはじめ、18歳前後にもなれば大人の身体へと変貌します。この期間を**思春期**と呼び、心の準備があろうとなかろうと、身体だけが先に大人の仲間入りをしてしまうことで、若者は動揺と不安を感じ、さまざまな精神変化を引き起こします。

　この時期に脳の発達は頂点に達し、頭のなかで論理的思考だけでものごとを考えられる、大人と同等の思考能力を手に入れます。そして若者はその能力を使って、いままでとは変わってしまった自分への関心が深まり、「**自分とは何か**」というテーマについて考えだすのです。同時に自分独自の世界を模索して、「自分のことは自分で決めたい」という自己主張もはじめます。これが**第二次反抗期**で、とくに社会との橋渡しをしている父親に無意識のうちに向けられることが多いといえます。

　このような背景から、この時期の思考や行動には**自己中心性**が見られます。急激に変化して不安な自分自身に注意を向けざるを得ず、何ごとにも自己を意識しているからです。こうした状況は大人から見ると未熟やわがままに映りがちなため、否定的にとらえられることが多くあります。もともと不安定な状況の上にかぶさってくるため、家族や先生など近しい大人からの指摘であればあるほど「世界にひとりぼっち」という絶縁された感覚を覚えてしまいます。この孤独感が適度であれば、忍耐力を養うよい発達の機会となりますが、あまりに激しいと離人感や自殺といった方向に向きかねません（**自己中心性×孤独感**）。そういう面では尊敬でき、自分の目標になる大人の存在が重要です。

　思春期の若者はこのように、本質からして悩む存在ですから、非常に心の病気が起きやすいといえます。しかし、人格自体が発展途上のため、経過や症状がパターンどおりに表れません。また、第二次性徴の特徴に性衝動があります。初期の中学生ごろは同性の友人とのコミュニティづくりに勤しみますが、次第に異性との接触が増えてきます。対人関係を学ぶなかでこうした衝動を抑制する技術を身につけていきますが、葛藤や自己表現が複雑になるほど不安の表現も激しくなり、衝動性や攻撃性は高まる傾向にあります。

　こうしたことから、心の病気を単一の疾患としてとらえるよりは症候群（シンドローム）として把握することが多く、治療にあたっても、言葉を使わない方法を用いることが多くあります。また同時に、家庭内暴力や学校不適応（不登校など）、逸脱行為（非行や性）が問題として表れ、自殺もしばしば見られます。

中高生の『私』って？？

_____年_____月_____日　記入

♪ 「大人の身体への変化」に気がついたとき私は、_____

♪ 「私」が好きだった（　テレビ　・マンガ　・　遊び　）は、_____

♪ 「私」が好きだった科目は、_____

♪ 「私」の大切な友人は、_____

♪ 「私」のあこがれの人物は、_____

♪ 「私」がはじめて交際したのは、_____

♪ 「私」がうれしかったのは、_____

♪ 「私」がこわかったのは、_____

♪ 　思春期の「私」の夢は、_____

♪ 「私」にとっての家は、_____

♪ 「私」にとっての学校は、_____

○ 「私」が学生のときの実家の仕事は、_____

○ 　親にとって思春期の「私」は、_____な存在だった

☆ 「私」の養育と教育にかかった費用（おおよそ）☆
　　　食事代：_____円　／　洋服代：_____円　／　本・文房具代：_____円
　　　医療費：_____円　／　おこずかい：_____円　／　教育費：_____円

♪ 「私」がもっとも大切にしていたもの（3つまで○をつける）
　　　お金　／　仕事　／　名誉　／　家族　／　友人　／　競争　／　達成　／　勝利　／成功
　　　知識　／　教養　／　趣味　／　勉強　／　美　／　愛　／　その他（　　　　　　）

┌─── ♪♪その他、気がついたことを書いてみましょう♪♪ ───┐
│   │
│   │
│   │
│   │
│   ※　印象的だった出来事などを書いてみましょう   │
└────────────────────────────────┘

2-8 「わたし」をつくる発達

青年期の発達——こころの成長 8
——大人になるための最終関門——

　思春期に悩んだ自分探しが終着点に向かう時期、それが**青年期**です。年齢的には 18 歳から 22 歳ごろと短い期間ですが、身体だけでなく心も大人になる大切な時期といえます。思春期に求めたものは自分が考える自己存在に過ぎませんでした。それが次第に周囲の期待をも含んだ自分を突きつめて、「自分は何のために生きているか」といった自己の存在理由を明確にしていきます。これが 1 章でも触れた**自我同一性**（アイデンティティ）であり、青年期の発達課題となります。これが獲得できないと同一性拡散となりますし（**同一性確立×同一性拡散**）、また否定的な自我同一性を多く持ってしまうと逸脱的な行動や自己破壊の方向に進んでしまいます。この過程を経ることで青年は、自分が選んだものへ集中する「忠誠」という能力を身につけると考えられています。

　青年期にはこのように「自分」を見つけるためにさまざまな思考をすることから、自己中心と自己卑下や、自己本位と排他主義など両極の心性を持ったり、その両極を揺れ動く心理が特徴的です。また身体が充実するとともにエネルギーを持てあまし、性衝動や攻撃性に振り回され自己のコントロールが難しくなります。青年期はまさに大人になる最後の関門といえ、そのためによりいっそう葛藤に苦しむといえます。表面的には親への反感や引きこもりといった行動が表れますが、これらは大人の自分をつくるための準備といえるものです。それぞれ、親に帰属してきた自分を切り離すため、また大人にならなければいけないというプレッシャーからこども返りした行動ととらえられます。

　こうした葛藤を繰り返している青年期は大人になるまでの猶予（モラトリアム）といえますが、近年では社会問題になりつつあります。自己を探し求めない若者は論外ですが、一度は社会に出たものの、30 歳を超えてから引きこもりになってしまう例が多く見られるようになってきました。社会の発展とともに余裕ができ、モラトリアム期間は延長されましたが、そのため同一性が確立されないまま社会に出る若者が増え、結果として社会活動が行えなくなったものといえるでしょう。

　そういう意味では青年期は思春期とならび、心の病気が起きやすい時期です。ほとんどすべての精神疾患が起きる可能性があります。ただ、ほかの時期に比べると、心の病気自体が大人になるための関門となることも多くあります。立ち止まってあらためて自分を見つめなおす機会になったり、疾患の問題行動が葛藤の解決につながったりと、心を成長させる促進剤となることもまれではありません。「**早期発見・ゆっくり治療**」を心がければ、挫折が次の成長へのバネとなるのです。

二十歳の『私』って？？

_____年_____月_____日　記入

♪ 「私」が進んだ進路は、_____で
　 その理由は、_____

♪ 「私」が好きな娯楽は、_____

♪ 「私」の大切な友人は、_____

♪ 「私」のあこがれは、_____

♪ 「私」が恋愛相手に求めるのは、_____

♪ 「私」がうれしいのは、_____

♪ 「私」がこわいのは、_____

♪ 「私」の夢は、_____

♪ 「私」にとっての家は、_____

○　親にとって「私」は、_____な存在

☆　親が「私」にしてくれた援助
　　学費（入学金：_____円　／　授業料：_____円　／　仕送り：月_____円）
　　その他（_____／_____／_____）

♪ 「私」がもっとも大切にしていたもの（3つまで○をつける）
　　お金　／　仕事　／　名誉　／　家族　／　友人　／　競争　／　達成　／　勝利　／　成功
　　知識　／　教養　／　趣味　／　勉強　／　美　／　愛　／　その他（　　　　　　）

♪ 「私」が大人になったなぁ、と実感したのは、_____のときだった（_____歳）

┌─────── ♪♪その他、気がついたことを書いてみましょう♪♪ ───────┐
│   │
│   │
│   │
│   │
│　　　　　※　印象的だった出来事などを書いてみましょう   │
└──┘

2-9 「わたし」をつくる発達
成人期の発達——こころの成長 9
―― 新たなスタートを切るために必要なもの ――

　社会的、心理的に自立した大人となった時期を**成人期**といいます。時代や環境によって大人にならなければならないタイミングはそれぞれですが、およそ現代社会でいえば社会に出て落ち着きはじめたころに相当します。職業や結婚など自己選択が許される一方、それに見合った義務と責任が生まれます。さらに、完全に親の保護を離れて環境の変化を直接受けるようになり、すべてを自分で解決していかなければなりません。

　とくに職業の選択は経済的な自立とともに、社会システムに自分の居場所をつくることです。社会における自己存在の確認、または大人として社会的な認知を獲得するために必要な過程といえます。こうして選ばれる職業は生き方の選択と重なるところが多く、その人らしさを示します。発達課題で児童期に獲得した「勤勉性」「有能感」により将来像を描き、青年期に獲得した「同一性」「忠誠心」により実現に向けて邁進するのです。

　就職は必ずしも思い通りに進むわけではなく、第一希望でなかったり、働いてみたら意外に向いていないことはままあります。ただ、仕事をするにあたって大事にしたい価値観や本当にやりたいこと、必要な能力の判断といった複合的な自分に対する概念（キャリア・アンカー）は、仕事の経験を重ねて形成されていきます。職業的アイデンティティは徐々に確立されていくものといえるでしょう。

　成人期は一言でいえば自分の居場所づくりの時期です。外的には職業の選択ですし、内的には結婚もそうでしょう。青年期には異質の集団に対して不寛容でしたが、社会に出るとさまざまな価値観に寛容でなければなりません。周囲との共感、共存がテーマとなるのです。これが成人期の発達課題、**親密性**ということになります。しかし、親密を求めて他者と関わると傷つけられる可能性も大きくなるなので、避けたいという矛盾した心理（山アラシのジレンマ）もあります。傷つくことをおそれるあまり、親密性の獲得を躊躇してしまうと、自分の周りに防壁を築いて「孤立」につながります（**親密性×孤立**）。

　孤立状態は直接には傷つきませんが、結果的に社会的・心理的活動を弱めてしまい、社会性を持った成人期にはそれが新しい傷になりかねません。ここに葛藤が生まれます。これは結婚、出産も同じです。愛しあって家庭を持ったものの、こどもが生まれると相手の愛情がこどもに奪われるのでは、という自我の危機感に面します。家族という新しい親密な関係をつくることと現状維持の間に葛藤が生まれるのです。

　成人期はこうした親密性と孤立の葛藤からさまざまな心の病気が表れます。なかでも成人期の死因は**自殺**がトップで、心理的な原因が最大の死因となる唯一の世代です。心理療法がもっとも必要とされる世代ともいえます。

社会に出た『私』って？？

_____年_____月_____日 記入

♪ 「私」の仕事は、_____で

　　その仕事に就いた理由は、_____

♪ 「私」の月収は、_____

♪ 「私」にとって働くということは、_____

♪ 「私」の親友は、_____

♪ 「私」の恋人は、_____

♪ 「私」がうれしいのは、_____

♪ 「私」がこわいのは、_____

♪ 「私」の夢は、_____

♪ 「私」にとっての家族とは、_____

○ 親にとって成人した「私」は、_____な存在

☆ 仕事に就いてから親が「私」にしてくれたこと
　　金銭的援助（お祝い：_____円 ／ 開業資金：_____円 ／ その他：_____円）
　　その他（_____／_____／_____）

♪ 「私」がもっとも大切にしていたもの（3つまで○をつける）
　　お金 ／ 仕事 ／ 名誉 ／ 家族 ／ 友人 ／ 競争 ／ 達成 ／ 勝利 ／ 成功
　　知識 ／ 教養 ／ 趣味 ／ 勉強 ／ 美 ／ 愛 ／ その他（　　　　　）

♪ 「私」が社会人になったなぁ、と実感したのは、_____のときだった（____歳）

♪♪その他、気がついたことを書いてみましょう♪♪

※ 印象的だった出来事などを書いてみましょう

2-10 「わたし」をつくる発達
中年期の発達——こころの成長 10
——創造と衰えのバランスが重要——

　一般的に「中年」という言葉が用いられますが、ここでいう**中年期**とは 30 〜 65 歳と非常に幅の広い世代となっています。社会に自分の居場所を確固と持ち、また社会を担い続ける期間という意味で心理学的には安定し続ける長い期間といえるでしょう。

　中年期には社会を支える一員として、ものを生み出し、育て、完成に向けた努力と責任を持とうとします。いわば広義にとらえた「生殖行為」といえ、このことから中年期の発達課題は**生殖性**といわれます。こどもや仕事に限らず芸術作品や技術、思想など、次世代に残しうるものの創作活動が活発な時期ともいえるでしょう。一方で、広い意味での創作に失敗すると、自己愛や自己満足に陥りがちです。そのため活動自体が停滞する傾向にあります（**生殖性×停滞性**）。

　中年期も後半に入ってくると、まさしく社会で「中年」といわれるとおりの危機が訪れます。社会的には充実していても、体力や記憶力といった生命力の低下、自信の揺らぎなどが実感されます。家庭でもこどもが独立しはじめ、構成の変化にとまどいを感じます。これは、さまざまな変化に衝撃を受ける思春期に相当するといえるでしょう。実際に親の死やこどもの独立に際して喪失体験を味わったり、病気を気にして不安感が高まったりと、さまざまな人生の事件を機にうつ病など心の病気になってしまう例が多く見られます。その点でも思春期と同じく、注意が必要な時期といえます。

　また、生命力の低下にともなって、かつての夢がどれほど叶えられたか、残された時間で何ができるか、といった焦りも感じるようになります。青年期に獲得したアイデンティティ次第では、「本当は別の人生があったのではないか」という思いにとらわれ、「まだ遅くはない」と「もう遅い」という気持ちの間を揺れ動くような心理状態もあります。青年期に選んだ自身の生きざまを振りかえり、もう一度自分を問い直す時期といえます。

　ここで触れてきた中年期の危機感はおおよそ 4 つにまとめられますが、こうした危機をいかに解決するかが重要な課題といえます。その上で、いままでの人生を受け入れ、これからの人生に新たな意味を見出し、人格をより成熟させていくのです。

　　①体力の危機：　　　　身体能力から「知恵の尊重」に移行する
　　②性的能力の危機：　　性交渉を介せず精神的に親密な関係を築く
　　③対人関係の危機：　　従来の人間関係に固執せず柔軟に新しい人間関係をつくる
　　④思考の危機：　　　　経験に固執せず柔軟に新しい考えや他者の意見を聞く

中年の『私』って？？

_____年_____月_____日　記入

♪ 「私」が結婚したのは、_____歳で、結婚相手（伴侶）は、_____
　　結婚の（　理由　・　きっかけ　）は、_____

♪ 「私」にとって伴侶は、_____な存在

♪ 　伴侶にとって「私」は、_____な存在

♪ 「私」の親友は、_____

♪ 「私」の仕事は、_____

♪ 「私」がうれしいのは、_____

♪ 「私」がこわいのは、_____

♪ 「私」の夢は、_____

♪ 「私」にとっての家族とは、_____

○　家族にとって「私」は、_____な存在

☆　独り立ちをした「私」に、親がしてくれたこと（　結婚　／　開業　／　孫　／　その他　）
　　金銭的援助（お祝い：_____円　／　開業資金：_____円　／　その他：_____円）
　　その他（_____／_____／_____）

♪ 「私」がもっとも大切にしていたもの（3つまで○をつける）
　　お金　／　仕事　／　名誉　／　家族　／　友人　／　競争　／　達成　／　勝利　／　成功
　　知識　／　教養　／　趣味　／　勉強　／　美　／　愛　／　その他（　　　　　）

♪ 「私」が中年になったなぁ、と実感したのは、_____のときだった（_____歳）

♪♪その他、気がついたことを書いてみましょう♪♪

※　印象的だった出来事などを書いてみましょう

2-11 「わたし」をつくる発達

老年期（前期）の発達——こころの成長 11
―― 喪失を実感し変化を受け容れる ――

　老年期は便宜上、高齢者と呼ばれる 65 歳以上を指しますが、時代とともにその世代でも健康で快活に人生を送っています。現在では 75 歳以上の後期高齢者がかつての「高齢者」に相当すると考えられています。体力は大きく衰えはじめ、定年などでリタイアして社会環境も変わるなど、心の周囲の環境は大きく変化します。ただ、これにともなった心理変化は、長年培ってきた人格や身体機能に影響を受け、非常に個人差が大きいことがわかっています。

　まず身体的な変化は体力の衰えは当然ながら、生活習慣病を抱えるケースも多く健康への不安、さらには死の意識がはじまります。社会環境の変化では、こどもの独立が喪失感をもたらしますが、一方で孫の誕生とともに祖父母としてのあらたな自己の価値を見いだします。この事件はとくに老いを自覚する（**老性自覚**）大きなきっかけといえます。そしてもっとも大きな問題が定年退職です。とくに日本では「会社人間」という言葉があるように、成人期以降、会社を軸に人間関係や社会的地位を培ってきました。それが生活習慣や固定収入とともに、一気に失われてしまいます。定年を迎えた途端に老人性認知症の傾向を示す例も多く、重大事件といえるでしょう。

　心理面で大きく変化する老年期ですが、最近の研究では生理学的に脳の機能を見ると、それほど衰えていないことがわかっています。従来は青年期ごろをピークに知能は低下すると考えられていました。たしかに新しいものを覚える**流動性知能**は、30 歳代をピークに低下し 60 歳を過ぎると急減します。しかし、理解力や判断力の**結晶性知能**は 60 歳まで徐々に増加していくのです。結晶性知能も脳の老化とともに次第に低下はしていくのですが、80 歳でも 25 歳と同じ程度の知能を維持しているというデータがあります。ただ一方で、死が近づくとその 2、3 年前から知能が低下しやすくなるという**終末低下説**もあり、とくに心臓疾患があると比較的早くから低下することがわかっています。

　ただ、意外に知能が低下しないとはいえ、老化や病気が原因の認知症は見えはじめます。老年期に起こりやすい心の病気は 4 D 症状といわれ、痴呆、うつ病、せん妄、妄想の 4 つが挙げられます。どれも初期症状が年のせいだと見逃されがちです。早期治療のためには注意が必要で、心身とも健康に留意しなければなりません。

　ペックはこうした老年期の課題を次のように考えています。
　　①引退の危機：　新しい環境で人間関係や生きがいを再構築する「自我の分化」
　　②身体的健康の危機：　老化した身体のもとで快適に過ごす「身体性の超越」

老後の『私』って？？

_____年_____月_____日 記入

♪「私」が年をとったなぁ、と実感したのは、_____のときだった(_____歳)

♪「私」は、_____な晩年を迎えたい（理想）

♪「私」は、_____な晩年を迎えている（現実）

♪「私」に介護が必要になったら、_____（場所）で_____（誰）に介護してもらいたい

♪　その介護費用は、_____でまかなって欲しい

♪　いざというときは、（　伴侶　／　子供　／　後見人　）に任せたい

♪「私」がうれしいのは、_____

♪「私」がこわいのは、_____

♪「私」の夢は、_____

♪「私」にとっての家族とは、_____

○　家族にとって「私」は、_____な存在

♪「私」がもっとも大切にしていたもの（3つまで○をつける）
　　お金　／　仕事　／　名誉　／　家族　／　友人　／　競争　／　達成　／　勝利　／　成功
　　知識　／　教養　／　趣味　／　勉強　／　美　／　愛　／　その他（　　　　　　　）

♪「私」の人生でもっともうれしかったのは、_____

♪「私」の人生でもっとも苦しかったのは、_____

♪「私」の人生を総括すると、_____

♪♪その他、気がついたことを書いてみましょう♪♪

　　　　　　　※　印象的だった出来事などを書いてみましょう

2-12 「わたし」をつくる発達

老年期（後期）の発達——こころの成長 12
——死をいかに受け入れるかが最後の課題——

　老年期が進むと人は、もともと持っていた人格が尖鋭化します。よく歳をとって頑固になったなどといわれますが、内向性—外向性といった心理学的な傾向や気質はほとんど加齢の影響を受けません。成人期以降、社会性のもとで抑えられていた傾向が、再び表に出てくるに過ぎません。老年期に入ってから前項のような葛藤に適応して円熟型や安楽椅子型、自己防衛型といった良適応タイプになる人もいれば、外罰型、内罰型といった不適応タイプになってしまう人もいます。不適応タイプは高齢者といえども、ライフイベントの影響を受けやすいといわれています。

　ここまで触れてきたように身体的、精神的な状況によって老年期の姿は実にさまざまですが、喪失という心理は共通して持っています。時期に応じてライフイベントがありますが老年期の場合、老化や引退、そして何より伴侶や親しい友人との死別が多くなってきます。そのため、いっそう大きな心理的な**喪失感**を覚えてしまいます。同時に**孤独感や孤立感**、さらに自らの死が予感されて不安がかきたてられるのです。

　その意味で、老年期の発達課題は**自我の統合**となります。自分の過去と現在をあるがままに認めることで人生に満足し、やがて訪れる死を受け入れることが人生の幕引きには必要だからです。もちろんすぐに獲得できる課題ではなく、老いていくなかで徐々に身につけていくものですが、失敗すると一度しかない人生がもうすべて終わってしまい、やり直しがきかないことに深い絶望を感じてしまいます（**統合性×絶望**）。喪失感は時間の経過や、支えてくれる人の存在によって癒やされるものです。むやみに振り回されることなく、最後の課題獲得に努められるよう、周りもサポートする必要があるでしょう。

　死を間近に迎えた人に対する身体的、心理的なケアは**ターミナルケア**と呼ばれ、終末医療など社会的にも認められるようになってきました。人生の最後を迎える人に対して、無理をすることなく死を受容できるようサポートすることが重要です。そして、死を受け入れる過程で人は最後の人格的成長を遂げます。そして支える人もまた多くを学ぶのです。

　近年では高齢者に限らず、死を学ぶ機会が激減しています。病院での死が増えるに従って、粛々と死を迎えるのでなく、無機質に死が訪れるほうが多くなりました。また、医療の進歩と長寿化によって、若くして死を実感することも減ってきました。そのようななかで、こどもや孫に最後に教えてあげられることとして「死」を見つめるというのも、一つの考えのように思われます。人の命や生きざまは、死んだからといって終わるものではなく、次の世代へと引き継がれ、ライフサイクルは回り続けるのです。

死を待つ『私』って？？

_____年_____月_____日　記入

♪　「私」は、_____歳で、_____（状況）のように、この世を去りたい

♪　「私」がもっとも避けたいと思っている死に方は、_____

♪　「私」が人生の最後に、行きたい場所は、_____

♪　「私」が人生の最後に、もう一度会いたい人は、_____

♪　「私」が人生の最後に、食べたいものは、_____

♪　「私」の人生の最後を見届けて欲しい人は、_____

♪　「私」がうれしいのは、_____

♪　「私」がこわいのは、_____

♪　「私」の死後、私の親しい人は、_____

♪　「私」の葬儀は、_____のようにして欲しい

♪　「私」は、_____（場所）に、_____（様式など）で葬ってもらいたい

♪　「私」が人生でもっとも大切にしていたもの（3つまで○をつける）
　　お金　／　仕事　／　名誉　／　家族　／　友人　／　競争　／　達成　／　勝利　／　成功
　　知識　／　教養　／　趣味　／　勉強　／　美　／　愛　／　その他（　　　　　　）

♪　「私」の人生でもっともうれしかったのは、_____

♪　「私」の人生でもっとも苦しかったのは、_____

♪　「私」の人生の総合評価は、_____点（100点満点で）

♪　「私」はこの世に、_____のために生まれてきた

♪♪その他、気がついたことを書いてみましょう♪♪

※遺書を別紙に書いてみましょう。どんな感じがしますか？　書き終わってみてどうでしたか？

コラム　不妊治療と出生前診断

『ご夫婦でこどもを欲しいと思っています。でも2年以上、赤ちゃんを授かりません。さて、どうしますか？』

20世紀半ばであれば単純に、子どもを持つこと自体をあきめるか、実子をあきらめて養子をもらう、この選択しかありませんでした。言葉どおり、赤ちゃんは天からの授かり物だったのです。それがいまでは、少し事情が変わってきています。医療の飛躍的な進歩はこどもができない理由、すなわち不妊の原因を解明し、問題にあわせた治療を可能にしました。高度生殖医療（ART）と呼ばれるものです。

古くから石女(うまずめ)や種なしという蔑称があったように、かつては卵子がない、精子がない問題と考えられていました。それが研究が進むにつれ、こうした生物学的な配偶子の異常より、卵管の異常や精子濃度が薄いといった生殖機能の問題が大きいことが理解され、不妊治療も大きく発展したのです。

不妊治療は治療の開始から2〜3年は、投薬による生殖機能の改善や性交のタイミング指導といったといった従来の受精方法を促進する一般不妊治療が行われます。それでも妊娠しない場合のみ、卵子と精子を試験管で受精させたり、顕微鏡で受精させるARTの体外受精が行われます。

ただARTにより妊娠の確率は上がりますが、実際に出産できる確率は自然妊娠よりも低くなります。また、こうした事実やARTの費用、母胎への負担はあまり知られておらず、「いまは不妊が治療できる」という知識だけが一人歩きしています。そのため、かえって赤ちゃんを産みたい女性を追い詰める一面もあることを忘れてはいけないでしょう。

医療技術の進歩がもたらしたのは、不妊治療だけではありません。妊娠後、胎児の状態を調べることもできるようになりました。いわゆる、出生前診断です。

出生前診断には羊水検査、超音波検査、母体血清マーカーテスト、母体血胎児染色体検査（NIPT、「新型出生前診断」とも呼ばれる）などがあり、本来は胎児の段階で治療する（胎内治療）、もしくは出産直後に対応が取れるよう準備するための診断でした。しかし現実には、異常胎児の確率が高いと出産をあきらめ、中絶手術を受ける夫婦があとを絶ちません。

2章でも触れましたが、医療が発展するほどに、「人」をどうとらえるか、生殖にどこまで人の手が関わってよいのか、悩む機会が増えています。こどもを授かって親になる、これが自分にとってどういう意味があるのか、一度じっくり考えてみる必要があるでしょう。

第3章
さまざまな精神疾患
──こころの病気

3-1 さまざまな精神疾患

障碍の原因——こころの病気1
——心のトラブルはなぜ起きるのか？——

　身体に病気があるように、「こころ」にも病気があります。しかし、心の病気は目に見えず検査結果のような客観的データも出てきません。本人がどれほど苦しんでいても、本人が言わない限り、周りからはわからないのです。ですから「こころの病気」は「日常生活に適応できているかどうか」を基準に判断されます。精神科医が、
　①精神および行動の異常や脳機能の障碍で日常生活の能力にかなりの影響が出ている
　②そのために、本人が日々の生活を送れないほど不安や苦労を感じている
　③社会的ルールに適応できず周囲に迷惑をかけたり、本人が不都合を感じている
　④本人が意図している目的が果たせないでいる
といった状態を認めて「精神障碍」と判断するのです。実際の医療の現場では、WHO（世界保健機構）が定めた国際疾病分類（ICD-10）とAPA（アメリカ精神医学会）の『精神障碍の診断と統計の手引き』（DSMシリーズ）をもとに判断されています。

　外から見えない心の病気ですが生理学的なアプローチも進み、図3-1のような脳の各部位の働きがわかってきました。感情や思考、行動などを主に司る部位が損傷したり異常を起こすことで精神障碍が表れるのです。

図3-1　脳の機能地図

【前頭前野】
情動抑制・判断・実行力などを司る。

【大脳新皮質】
知覚・思考・判断など高い機能を持つ

【大脳辺縁系】
喜び・怒りなどの感情を司る
海馬は記憶の形成や保持に関係
扁桃体は感情をともなう学習と記憶に深く関与

【脳幹部】
意識・呼吸・体温調節など生命に関わる働きを司る
中脳は気分をコントロールする神経の出発点

また、脳のこれらの部位は脳内ホルモンを神経伝達物質に用いることで密接にからみあって「こころ」を形成しています。以下に代表的な脳内ホルモンを挙げていますが、それぞれ重要な情報を担っているので、これらの分泌異常でも精神障碍が起きてしまいます。

モノアミン	情動に大きく関与し、脳の大部分に大きな影響がある
ノルアドレナリン	幸福感、不安感、意欲に影響する
ドーパミン	攻撃性、陶酔感、快感を与える
セロトニン	覚醒、睡眠といった生体リズムを司る
アセチルコリン	記憶に関与するほか、覚醒や睡眠、学習にも影響する
エンドロフィン	幸福感をもたらす
ギャバ	脳全体のシグナルを抑える役割（抑制性神経伝達物質）

ただ、いくら脳やホルモンの働きがわかっても、生理学的異常＝心の病気とならないのが難しいところです。たとえば、うつ病の原因と考えられているセロトニンが、同じ量だけ分泌が低下していても、Ａさんはうつ病になって、Ｂさんは健康でふつうに生活していたりします。データだけでは単純に判断できないのが心の病気なのです。

そこで心の病気の原因を探るには、古くから大きく三つにわけて考えられてきました。
①**外因性精神障碍**：
　外傷や脳血管障碍による脳の損傷など身体的な理由により精神症状が出現するもの
②**心因性精神障碍**：
　精神的に負担となる出来事や持続的なストレスなど、心理的、環境的な要因で精神症状が出現するもの
③**内因性精神障碍**：
　統合失調症や躁うつ病など外因性でもなく心因性でもなく精神症状が出現するもの

最近では、内因性の発症にも心理的な因子が関わっていることが解明されてきましたが、これら三つの原因は複雑にからまりあっていて、はっきりと分類することは不可能です。ただ、その人の生まれつきのストレスへの耐性といった遺伝的な要因(内因)とストレス(心因)が相互に作用して起こるのは間違いないと考えられています(**ストレス－素質モデル**)。

3-2 さまざまな精神疾患

器質性障碍――こころの病気２
―― 身体の病気が心の病気を引き起こす ――

　身体や脳といった肉体（器質）の損傷や能力低下が原因で起こる精神障碍が**器質性障碍**です。外因性精神障碍の典型といえるでしょう。この障碍の代表例が、**認知症**です。

　認知症は狭い意味では、「一度獲得した知能が後天的に低下した状態」を指し、一般に考えられている知能や記憶のほかにも、見当識（常識）や人格の障碍も含まれています。従来は不可逆的な疾患だけに使われる言葉でしたが、最近では正常圧水頭症など、治療により改善する疾患に対しても使われることがあります。主な原因となる疾患は、脳出血や脳血栓などの脳血管性障碍、アルツハイマー病などの変性疾患で、ビタミンなど代謝や栄養障碍でも認知症につながることがあります。一般には、これらの原因により日常生活に支障をきたすようになってきたとき、認知症と診断されます。

　認知症の**中核症状**はよく知られる知能障碍のほか、言葉が出てこない、状況が認識できないといった機能障碍などもあります。疾患が理由で従来は機能していた神経細胞が脱落してしまい、脳の情報伝達がうまくできなくなってしまうため、こういった症状が表れてしまうのです。ですから、疾患の進行とともに認知症の症状も悪化してしまいます。

　また一部の患者では、このような症状のほかに、抑うつ、不安・焦燥、徘徊、暴力などさまざまな**周辺症状**も表れます。神経細胞の脱落から残った細胞が異常反応してしまうからです。先のような中核症状と異なり、残存細胞の影響なので病状は進行しませんが、家族など周りの人が悩むことが多く、周辺症状の相談をきっかけに認知症とわかることが多いといえます。

　病因になりうる危険因子は、それぞれの疾患の危険因子となりますが、遺伝的な要因が大きく、老人性の認知症では両親の片方が認知症だった場合、本人の発症率は10～30％アップするというデータがあります。早期発症のアルツハイマー型認知症ではさらに、親が50代前半で発症したとき本人の発症率は約20倍にもなってしまいます。また、高血圧や糖尿病、喫煙といった動脈硬化の危険因子は、認知症にとっても重要な危険因子です。

　加齢によって発症率が上がるのはやむを得ませんが、65～69歳では年間発症率が1％以下と、それほどでもありません。しかし、75～85歳の高齢者の追跡調査したもので、認知症全体の発症率が85歳まではゆっくり上昇し、85歳を越えると急激に上昇する、というデータが得られている研究も報告されています。

表 3-1　認知症の進行と症状

軽度 ↓ 重度	記憶障碍	昔のことは覚えていても現在のことは忘れてしまう。	食事がすんだことや物を片付けたことを忘れて騒ぐ。
	見当識障碍	「今がいつなのか」、「ここはどこなのか」、「自分は誰なのか」が、わからなくなる。	見当識障碍の有無は、痴呆の重要な判断材料。迷子になったり家族がわからなくなったりする。
	思考・判断力障碍	思考力や判断の低下。	計算ができない、料理ができない、道具が使えないなどの症状が現れる。日常生活にも介護が必要な状態。
	言語障碍・失行・感覚障碍	かんたんな動作ができなくなる。さらに味覚、嗅覚、痛覚などの知覚にも障碍が現れる。	食事やトイレなど生活全般に介護が必要な状態。動作も鈍くなり、体も弱ってくる。

　認知症の発症データの多くは老人性の認知症で占められますが、なかでも主要なものが**アルツハイマー型認知症**です。早期発症型は30代後半から発症しますが、一般的には65歳から発症率が上がっていきます。男性より女性のほうが発症しやすく3対1の割合になっています。症状の進行はゆっくりなのですが改善されることは少なく、低下した知的機能は固定されて症状は確実に進行してしまいます。特定の機能だけが衰えていくわけではないので全般的痴呆ともいいますが、そのため比較的早く自分が認知症であることがわからなくなってしまい、症状がさらに進むと人格崩壊がはじまってしまいます。

　一方で脳血管性認知症は脳卒中など脳外科の病気からはじまるため、45歳前後から発症しやすく、男性のほうがハイリスクというデータがあります。脳の血管障碍によって脳の一部が機能しなくなるのが原因なので、発作がなければ病状は進まず、人格の変化も起こりにくいといわれています。ただ、それゆえ日によって痴呆症状が変わる（まだら痴呆）浮動傾向があり、認知症の自覚もあるため、本人にとっては苦しい疾患といえます。

　こうしたことから認知症患者を介護するする際には、①"痴呆という症状"の受容　②本人に合わせた個別介護　③介護者の創造性の発揮　④廃用症候群の予防　という点に注意して接する必要があるでしょう。

アルツハイマー病患者からの10のお願い　（クリステイーン・ブライデン）
　　私のことを我慢してください
　　私に話しかけてください
　　私に親切にしてください
　　私の感情を考えてください
　　人間としての尊厳と尊敬をもって扱ってください
　　私の過去を思い出してください
　　いまの私を知ってください
　　私の将来を思ってください
　　私のために祈ってください
　　私を愛してください

3-3 さまざまな精神疾患

統合失調症――こころの病気 3
――心の基本的な働きにトラブルがあったとき――

　思考や知覚、感情など基本的な精神機能に障碍が生じた疾患を**統合失調症**（Schizophrenia）といいます。以前は精神分裂病と呼ばれていましたが、偏見や差別の対象となっていたので、2002 年に改名されました。ただ、精神の各機能の統合がうまくいっていないという名称どおり、さまざまな症状が含まれるため、単一の疾患というより疾患群としての総称というほうが当てはまります。

　疾患自体は古くギリシャ時代から知られていますが、原因はいまだに不明です。一卵性双生児ではともに発症する率は高いのですが、必ず二人とも発症するわけではないので、遺伝と環境の両方が病因に関わっていると考えられています。近年では、神経伝達物質のドーパミンの過剰分泌が原因では、という**ドーパミン仮説**が有名です。かつて両親の養育方法や家庭環境が問題とされた時期もあり、そういう意味でも「精神分裂病」は偏見を持たれていました。いまでは、さまざまな家庭環境の問題は、病状を悪化させることはあっても、発症の原因にはならないとされています。

　統合失調症はこうした偏見の対象となってしまうほど、実はむかしから発症率の高い「ふつう」の疾患でした。一生のうちで発症する率は 0.85％で、120 人に 1 人はこの疾患を発症する可能性があるのです。実際、日本における精神科病院入院患者のうち約 6 割を占めています。

　発症の時期は思春期から青年期にかけてが多いですが、ほかの時期でもよく見られ、男女で発症率に差はないものの女性のほうが発症年齢が遅いというデータがあります。

　先に触れたようにこの疾患の症状は多彩なのですが、感情や行動が「表に出てくる」または「隠れてしまう」という意味で、大きく陽性症状と陰性症状に分けられています。

　陽性症状
　1）思考の障碍
　　①思考過程の障碍：支離滅裂な話、脈絡のない言葉の羅列、的はずれな返事など
　　②思考内容の障碍：根拠のない確信（**妄想**）、被害妄想、誇大妄想など
　2）知覚の障碍
　　幻聴を中心とした幻覚症状。なんの刺激がない状況でも本人は外部から実際に刺激が入ってきたと知覚するため、現実だと誤認してしまう。電波が入ってくる、宇宙人と交信しているなど妄想的に語られることもある。

3）自我意識の障碍
　自己と他者を区別できなくなる障碍。頭の中で思い浮かべた言葉を外からの音声だと感じてしまうので、しばしば自分の思考を他人が話していると思い（考想伝播）、盗聴といった被害妄想につながることも多い。

<u>陰性症状</u>
1）思考の障碍
　思考が貧困になったり、いつも同じ思考をする。
2）感情の障碍
　感情が鈍くなったり、他者との疎通が困難になる。
3）意欲の障碍
　自発性や意欲が低下し、無関心になったり自閉してしまう。

　このようにさまざまな症状が表れますが、症状と疾患時期によって4つのタイプに分けることで、およその把握を行います。

1）破瓜型（解体型）
　思春期にゆっくりと発症。喜怒哀楽に乏しく物ごとに対する意欲や関心がなくなる。病状が進行するとまとまりのない、すなわち解体した思考や行動が表れる。
2）妄想型
　中年以降の発症が多い。妄想や幻覚が中心で、解体した言動はあまりない。もっとも一般的な症状で、人格もあまり荒廃しない。
3）緊張型
　20歳前後に突然発症することが多い。興奮や昏迷したり、同じ動作を繰り返すなど行動異常が目立つ。急激に悪化する反面、回復しやすく再発もまれである。
4）残遺型
　統合失調症から回復してきた患者に多く見られ、陰性症状が1年以上持続したもの。

　近年の統合失調症の治療は新しい薬の開発と心理社会的ケアの進歩により、初発患者のほぼ半数は、完全かつ長期的な回復を期待できるようになりました（WHO 2001）社会復帰もできる疾患となっています。3割が元の生活能力まで、また半数は低下しつつも社会生活を送るのに問題ない程度まで回復しているのです。
　ただ、この疾患の特徴に経過中の**自殺企図**があります。症状はおよそ陽性症状から陰性症状へと移行していきますが、陽性症状のときには幻聴や妄想から逃れるため、また陰性症状のときは思考が短絡化されてしまうため少しの不安にも耐えられず、自殺を企図してしまうのです。以前は回復と再発の繰り返しに加えて自殺の危険性もあり、悪化しやすい疾患でしたが、先述したように現在は回復が期待できる疾患ですから、必要以上に不安を感じることなく専門医に相談することが何より重要といえるでしょう。

3-4 さまざまな精神疾患

気分（感情）障碍——こころの病気 4
——気分がコントロールできない心のカゼ——

　私たちが日常生活を送っているなかで、うれしいことがあれば「ハイ」になって、つらいことがあれば「ブルー」になる。そんなことはふつうにおきることでしょう。しかしそうした気分の浮き沈みが長期にわたってコントロールできなくなり、日常生活に支障が出てくるとすれば、それは**気分（感情）障碍**という疾患になります。

　代表的な例が**うつ病**と**双極性障碍（躁うつ病）**です。以前はうつ病も、躁うつ病の一症状が出ているだけと考えられていましたが、現在ではまったく別の疾患と考えられるようになってきました。それとともに気分障碍は、この二つの方向性で、大きく分類されるようになりました。

　しかし、こうした疾患がなぜ発症するのか、その原因についてはいまだ仮説の域を出ていません。脳内ホルモンであるセロトニンの伝達異常などといった生理学的な説から、病前性格を原因とする心因説まで、さまざまな仮説が検証されています。ただ、うつ病に比べると双極性障碍は、家族歴の影響を受けやすく、一卵性双生児の発症率もきわめて高いので、遺伝的な要因が強いと考えられています。

　双極性障碍の生涯罹患率は 1 ％で若いときに発症しますが、うつ病の生涯罹患率は 15 〜 25 ％と高く罹患時期も一生にわたっています。

　うつ病と双極性障碍は別の疾患ですが、症状としてあらわれるうつ症状は共通しています。症状から見るとうつ病はうつ状態単一で、双極性障碍はうつ状態とうつ状態とは対極の躁状態が繰り返しあらわれます。それぞれの状態のとき、どういう特徴があるのかを見てみましょう。

　まずうつ状態ですが、精神的には**抑うつ気分**と**興味・喜びの喪失**が挙げられます。抑うつ気分は、自分に価値がないと考えたり、自信を失った状態で、興味・喜びが喪失し気力が失われて思考力や決断力も低下します。ですから、「死にたい」とか「消えてしまいたい」といった自殺願望（希死念慮）に向きやすく、また思考力も低下しているので自殺の危険性が非常に高まった状態になります。身体的にも体重や睡眠時間が極端に増えたり、減ったりして大きな負担がかかります。

　一方、躁状態では自尊心が肥大し、自分は何でもできると異常なほど活動的になります。また次から次へと新しい考えが浮かび（観念奔逸）いっそう活動に拍車をかけます。本人

としてはエネルギーに満ちて快いのですが、周囲を巻き込んでしまう可能性が高く、信用を失ったり人間関係が壊れたりと、社会的な障碍を生じかねません。
　①自尊心の肥大
　②睡眠欲求の減少
　③活動の増加
　④多弁
　⑤観念奔逸
　⑥注意散漫
　⑦快楽的活動に熱中
　以上のような状態が長く続くようだと躁状態と診断され、病状が進行するとイライラしたり、怒りっぽくなります。

　これらの症状と疾患自体は薬物療法を中心に治療されるのですが、うつ状態では治療以上に**自殺防止**が重要な問題で、うつ病の治療は「自殺防止に始まり自殺防止に終わる」といわれるぐらいです。まず患者に自殺への思いがあるのかどうか、そしてその強さはどの程度なのか、それを把握することが最初の一歩となります。医師が患者に対して「自殺はしない」ことを約束させようとしてもハッキリしない場合はうつ状態が重症と考えて、即効性のある治療を行います。また、自殺の危険性が一番高くなるのは回復期なので、寛解するまでうつ病と自殺は切り離せないと考えられます。

　うつ病自体、家族や周囲の人が軽く見る傾向があるため、まずは専門医の意見を聞くとよいでしょう。また治療中は本人ともども、
　①一時的な不調であることを理解して、自分を責めない
　②治療薬は休養のために服用。動けるようになっても一定期間はきちんと休む
　③人生の大きな決断（退職・離婚など）は延期する
　④家族や友人など周囲は安易に励まさない。一部の人を除いて「がんばれ」は禁句
といったことに気をつけなければなりません。

　双極性障碍は炭酸リチウムなどの薬物療法が中心となります。治療の結果、60％は回復し、30％は症状の軽快か一部の残存、10％が慢性化というデータがありますが、一般的には再発しやすい疾患です。そのため、再発予防や再発の兆候をモニターするための教育、ならびにストレスの管理や社会復帰に向けたカウンセリングが非常に重要な役割を果たします。再発の兆候が現れた時点での早期治療や予防薬の継続服用といった医療面でのサポートと周囲の人の精神的サポートが予防につながるといえるでしょう。

3-5 さまざまな精神疾患

神経症——こころの病気５
——本当はこわい、ストレスから生じる不安や恐怖——

　仕事や人間関係で悩み、めまいや不眠、不安、下痢、食欲不振などといった不調に見舞われる。そんな経験は、みなさんも多かれ少なかれ覚えがあることでしょう。「ストレスが原因で精神的なトラブルが起きている」という自覚はほとんどないと思いますが、実はこういった心身の状態が神経症のはじまりといえるのです。

　神経症は正確には、「心因によって生じる心と身体の機能障碍であり、特有の性格を基にして特徴的病像を呈する可逆的な障碍」と定義されます。機能障碍ということは、取り返しのつかない身体の変化が起きるわけではなく、元に戻る身体の変化が生じている、ということです。

　かつてはよく使われた疾患名ですが、最近ではDSMなど診断基準の明確化や生理学的な手法の確立によって、あまり使われなくなりました。しかし今日でも神経症の概念は非常に重要で、一般にもよく知られています。「潔癖症」「恐怖症」「トラウマ」「ヒステリー」「記憶喪失」「多重人格」などは、小説や映画などでもみなさんが見聞きすることの多い疾患名だと思います。

　神経症が一般によく知られていたのは、その罹患率の高さによります。心の病気ではもっとも高く、人口の10％を超えるといわれています。年齢的には10代後半から40代がほとんどで働き盛りにかかる病気といえるでしょう。

　ここまで「誰もがかかる」病気なのは、この疾患に遺伝的な要素はほとんどなく、誰もが陥ってしまう心理的な状況が原因となるからです。ただ、そうはいっても神経症になりやすい傾向というのはあります。とくに、①自己内省的、理知的　②執着心が強い　③感受性が強い　④欲望が強い　という性格の人が神経症になりやすいといわれています。たとえば、向上心が強く内省的な人は自分を追いつめてしまいやすいのです。

　神経症は、不安障碍、身体表現性障碍、解離性障碍の三つに大きく分けられています。障碍によって症状もさまざまですので、かんたんに見てみましょう。

1）不安障碍
　明確な対象を持たない恐怖（不安）が原因で行動異常や精神症状が表れる。
　　①全般性不安障碍：根拠のない強い不安感に絶えず苦しめられる
　　②パニック障碍：予期せぬパニック発作で死の恐怖に繰り返し襲われる

③恐怖症性不安障碍：特定の対象に理由のない度を越えた恐怖を抱く
④強迫性障碍：理由のない強迫観念にかられ、日常生活に支障が出る
⑤重度ストレス反応および適応障碍：PTSDや急性ストレス障碍など

2）身体表現性障碍

不安や葛藤が身体症状に表れる。
①転換性障碍：一つ二つの神経学的な症状（声が出ないなど）が突然表れる
②心気症：自分がガンなど重大な病気にかかっていると思い込む
③身体化障碍：さまざま身体の症状を訴え、検査を繰り返し求める
④疼痛性障碍：医学的に原因がわからない痛みが表れる
⑤身体醜形障碍：自分の体に欠陥があると思いこんで人前に出られなくなる

3）解離性障碍

心的外傷への防衛が原因で、自己同一性を失った「解離」の症状が表れる。
①解離性健忘：物忘れではすまない健忘が表れる
②解離性遁走：蒸発や放浪という行動に出やすい
③解離性同一性障碍：いわゆる多重人格
④離人症：現実感のない状態（離人感）に陥ってしまう

このような神経症の治療は、おもに心理療法が行われます。なかでもカウンセリングや森田療法、認知行動療法などが適しているといわれています。そして向精神薬の使用といった薬物療法が補助的に施されているのが現状です。ただ、疾患にもよりますが、統合失調症や気分障碍にくらべて軽症とされ、人格への影響もあまりないことから、周囲の理解が得られないこともありますので、注意が必要です。

表 3-2　神経症とうつ病の比較

	神経症	うつ病
顔つき	訴えが多いが、元気がよい	言葉は少なく、げんなりしている
食欲・体重	食欲がないという人もいるが、間食などで体重は減らない	食欲がまったくなく、体重は1カ月で10～15kgも減少する
不眠	不眠を訴えない人も多いが、不眠を訴える人は入眠困難症	不眠は必ず現れ、早朝覚醒型の不眠が多い
気分の変動	日内変動はなく、いつも訴えが多い	気分が良かったり悪かったりを繰り返す 朝は悪く、夕方に持ち直すことが多い
自殺	自殺を口にすることはあるが、実行には移さない	しばしば自殺を企てる
病前性格	自分本位	他人本位
治療	精神療法が中心	抗うつ剤がよく効く

3-6 さまざまな精神疾患

心身症——こころの病気 6
——過度の気遣う心が身体の病をまねいてしまう——

　心身症（Psychomatic disease）は、日本心身医学会によれば「身体疾患の中で、その発症や経過に心理・社会的因子が密接に関与し、器質的ないし機能的障害が認められる病態をいう」とあります。ただ、その定義にあてはまる疾患から、神経症やうつ病といった明確にほかの精神障碍であると診断されるものは除かれます。つまり、原因や症状から判別できないけれども、精神的な悩みや問題が強く影響していると思われる肉体的な病気というように言い換えることもできるでしょう。

　症状は代表的なものだけ診療科に分けて表3-3に挙げていますが、実に広範囲にわたっています。もちろん、その患者すべてが心身症というわけではなく、肉体的な原因から疾患にかかった人も多くいます。ただ、もし心身症から出た症状だとすると、肉体的に治療をしても、患者本人が抱える精神的な悩みや葛藤といった「こころ」の治療がなければ、本当の治療にはなりません。これらの疾患にかかってしまったときは、「こころ」に問題がないのか、注意深く見ることが必要です。

表3-3　代表的な心身症

呼吸器：	気管支喘息
循環器：	狭心症、心筋梗塞、本態性高血圧症
消化器：	胃潰瘍、十二指腸潰瘍、過敏性大腸症候群、潰瘍性大腸炎
内分泌・代謝：	糖尿病、単純性肥満症、甲状腺機能亢進症
神経・筋肉：	偏頭痛、筋収縮性頭痛
皮膚：	円形脱毛症、じんましん、アトピー性皮膚炎
泌尿器：	心因性インポテンツ、神経性頻尿
婦人：	更年期障害、月経前緊張症候群
耳鼻咽喉：	アレルギー性鼻炎、メニエール症候群

　心身症がこれほど多様な症状を示してしまうのは、その発症メカニズムに原因があります。現在、心身症の直接の原因は、強いストレスなどによって脳の視床下部の機能が乱れるためと考えられています。視床下部は、私たちが生きていくのに必要なさまざまなホルモンの分泌を担っていて、さらに身体を管理する自律神経も司っています。ですから、ここにトラブルが生じると、身体全体のバランスが崩れてしまうのです。

このメカニズムに遺伝的、器質的な要因はあまりありませんが、性格は非常に影響しています。まず努力家、他人に気を遣うといった傾向の性格は、自分を犠牲にしてでも期待にこたえようとして、結果的にストレスをためて心身症となる例はよく見かけられます。同じような例では、**A型行動パターン**と呼ばれる強い競争心、達成欲を持つ人も、いつも時間に追われているような感じを受け、同様にストレスをため込み心身症になってしまいます。また、これらとはべつに、**失感情症**（アレキシサイミア）という自分の感情を認知したり表現することが苦手な人も心身症になりやすい傾向があります。これは不満や不安を意識で把握できない代わりに、身体がそれを疾患として表現しているのではないか、といわれています。

　このほかにも心身症患者にみられる特徴として、情動だけではなく身体感覚の気づきも低下する失体感症（アレキシソミア）という概念も提唱されています。

　このように心にたまるストレスが主原因と思われるため、年代に関係なくこどもからお年寄りまでがかかってしまう、それが心身症の特徴です。とはいうものの、表れる症状には明らかに違う傾向があります。青年期までは心因性の発熱や嘔吐など、一過性の機能障碍がよく見られるのですが、成人期以降は胃潰瘍など器質障碍が表れてしまいます。

　こうした症状への対症療法が必要なのは当然ですが、冒頭で触れたように再発防止という意味では心理療法が重要になってきます。保険医療では心身医学療法と呼ばれ

　　一般心理療法、カウンセリング（標準型精神分析療法）、簡易精神分析的療法、
　　自律訓練法、催眠法、交流分析、ゲシュタルト療法、行動療法、
　　バイオ・フィードバック療法、生体エネルギー療法、森田療法、絶食療法

の12種類が認められているので、これらの療法を使って治療していくのです。たとえば自律訓練法では、患者はセルフコントロールを学んで不安や緊張を解消する技術を身につけます。交流分析では人間関係を調整してストレスを解消できるようにし、行動療法では誤って学習した不適応行動を修正します。

　ただ、これらはあくまで治療法にすぎません。医師やカウンセラーと患者の間にしっかりとした信頼関係を築くのがなによりも先決です。その上で患者が、先のような治療法で自ら問題を解決していく手助けをする。それが医師やカウンセラーの大切な役割で、主体的な治療者というより、どれだけ患者のサポートができるかが大切だといえるでしょう。

3-7 さまざまな精神疾患

人格障碍——こころの病気 7
——「困った人」ももしかすると精神疾患——

みなさんの周りにも一人や二人、「変わった」人がいると思います。「ユニークだなぁ」とか「ヘンだなぁ」とか感じ方はさまざまですが、たいていはそれで終わって、ごくふつうに友達づきあいをしているのではないでしょうか。ですがまれに、周りに迷惑をかけてしまうなど、どうしても社会生活ができない人もいます。それが人格障碍です。社会の大多数を占める平均的な考え方、感じ方とあまりに違って、社会生活に障碍をきたしている状態といえるでしょう。

厳密には、こうした症状を持ちながらも、ほかの精神障碍が原因でない場合だけを、人格障碍と定義しています。ただ、障碍と判断するには文化や社会環境の影響もあり、同じ状態でも本人の環境によっては人格障碍とは判断されません。あくまで社会との相対的な距離が問題になるといえます。

この障碍は青年期や成人期早期にはじまることが多く、人格が安定しているために本人もたいへんな苦痛をともなう障碍です。かつては精神病質や人格異常などとも呼ばれ、この障碍は生まれついて持った気質によるものと考えられていました。しかし最近では環境要因が重要な要因ということがわかり、また本人の人格を否定するような「人格障碍」という名称は不適切ということで、パーソナリティ障碍（ディスオーダー）と呼ばれる機会も増えてきました。また、脳や中枢神経の障碍、神経伝達物質やホルモンの変化といった生理学的な原因も指摘されるようになってきました。

先にふれたように、この障碍は本人が属する社会や文化の「一般的」と思われる基準によって、障碍か否かが決まります。それでなくても、単なる「変わり者」との区別は判断がつきにくいのがむずかしいところです。そのため人格障碍は、DSMやICD-10の定めた基準をすべて満たすかどうかで診断されています。

①認知（自分や出来事を認識しているか）、感情（感情が適切に反応しているか）、対人関係、衝動のコントロール、のうち2つ以上の障碍がある
②柔軟性がなく、広範囲に偏りが見られる人格
③その人格によって悩んでいるか、社会を悩ませている
④小児期、青年期から長期間続いている
⑤精神疾患（統合失調症、気分障碍など）の症状でない
⑥薬物や一般的身体疾患（脳器質性障碍）による症状でない

この基準によって人格障碍と診断されると、次にタイプ分けされます。大きくは３つに分かれていますが、最終的には10タイプに分けられます。

　１）クラスターＡ
　　遺伝的に統合失調症の気質を持っていることが多く、自閉的で妄想を持ちやすい。
　　　①妄想性人格障碍：確たる根拠なしに他人の言動を悪く解釈する
　　　②統合失調質人格障碍：周囲や対人関係に無関心で自己完結する
　　　③統合失調型人格障碍：対人関係をつくる能力に乏しく、迷信などを盲信しやすい
　２）クラスターＢ
　　感情的な混乱がはげしく衝動的で、自己中心的な傾向が強い。
　　　①反社会性人格障碍：社会ルールや他人の権利を無視して無責任で、暴力的
　　　②境界性人格障碍：見捨てられる不安を感じて情緒不安定。衝動的な行動も多い
　　　③演技性人格障碍：過度な情緒性があり注目されたがる。見栄っ張りで自己中心的
　　　④自己愛性人格障碍：強い自己愛。根拠のない万能感を持ち、賞賛されたがる
　３）クラスターＣ
　　不安や恐怖感が非常に強い人格障碍で、周囲の評価や視線がストレスになる。
　　　①回避性人格障碍：自分に自信がなく強い劣等感を持ち、引っ込み思案で臆病
　　　②依存性人格障碍：些細なことも決定できず、他人の助言と保証を求める
　　　③強迫性人格障碍：几帳面で融通がきかない完璧主義者で人付き合いができない

　人格障碍はストレスなど心因性の原因より、遺伝や脳機能といった身体的な原因のほうが重要です。そのため自然治癒はあまり期待できず早期治療が望ましいのですが、変わり者との区別がつきにくく、本人もあまり問題意識を持たないことが多いのです。またクラスターＣ以外は、その障碍の傾向から医師やカウンセラーとの信頼関係（ラポール）が築きにくいといった問題もあります。治療には家族など周囲の働きかけや協力が重要です。

　また、人格の傾向が過度に表れていることが問題ですから、基本的には「社会への適応度を増やす」「人格に沿ったよりよい生き方ができるようアドバイスする」点に主眼が置かれます。しかし臨床的に見ると人格障碍は、一時的な心因反応や神経症より重い症状に苦しめられることも多いため、補助的に向精神薬を用いた薬物療法も同時に行われます。

　人格障碍の治療では、比較的長期にわたって患者と治療者が協力して努力を続けることが重要です。どんなことが問題になっているのか、その対策はどうしたらいいのか、など一緒に検討します。また、患者が積極的に治療に参加することも非常に大切になります。
　とはいえ、患者の偏った言動に振り回されそうになることが多いのは否定できません。とくに境界性人格障碍は他人を巻き込む力が強いといわれています。治療する側も周囲の人も、「できる」「できない」の境界を明確にして患者に伝え、自分のスタンスを保ちながら接する必要があるでしょう。

3-8 さまざまな精神疾患

依存症——こころの病気 8
——いちばん身近な精神疾患——

依存症というと、アルコール依存症やタバコがやめられないニコチン依存症をすぐに思い浮かべるでしょう。これらはそれぞれ化学物質への依存で、**物質依存**と呼ばれるものですが、依存症にはほかにも**過程依存**、**関係依存**と呼ばれる依存があります。

依存症とは元来、「精神に作用する化学物質の摂取や、ある種の快感や高揚感を伴う特定の行為」を繰り返すことで、その刺激が止められなくなった障碍です。心理学の世界ではそうした状態を「依存が形成された」と表現しています。

物質依存には先の例以外に拒食症や過食症と呼ばれる摂食障碍が入りますし、過程依存の代表はギャンブル依存や買物依存、関係依存は共依存や恋愛依存と、みなさんの身の回りでも見かける精神疾患が依存症といえるでしょう。

依存症もまた人格障碍などと同様、単なる嗜癖と区別がつきにくく、以下の条件にいくつか該当してはじめて、依存症の可能性があると判断されています。

①耐性（身体が慣れて、快楽を得るための量が増えていくこと）がある
②離脱症状（禁断症状）がある
③はじめの心づもりよりも大量または長期間、使用する
④行為の中止または制限への持続的な欲求、または努力の不成功がある
⑤対象を得るための活動や物質、または回復の時間が大きい
⑥対象のために重要な社会的活動などを放棄したり減らしている
⑦依存が悪化しているらしいことを知りながら続けてしまう

こうした依存症の症状は、大きく**精神依存**と**身体依存**の2つに分けられます。精神依存は依存対象なしにはいられない状態で、ほとんどの依存症で表れる症状です。対象を断つと離脱症状として強い不快や不安を感じ、それを解消するために薬物やお酒といった対象を、何かに追われているように探し求めてしまったりもします。

身体依存でよく知られているのは、アルコール中毒者がお酒を飲まないと「手が震える」というものです。お酒も一種の薬物ですが、使用を続けているうちに薬物摂取と身体の働きを結ぶ神経回路がつながってしまい、使用を止めることでけいれんなどの身体的離脱症状が表れてしまうのです。

さまざまな症状がありますが、ここでは一例として**摂食障碍**を見ていきましょう。

先にふれたように摂食障碍は一般に拒食症（神経性無食欲症）や過食症（神経性大食症）といわれている障碍で、その傾向は巻末の摂食態度調査票で判定することができます。新

聞などで目にするように女性、とくに若い世代によく見かけられる疾患です。

　言葉からすれば、食べ物を拒否するのが拒食症で、制限できないのが過食症と思われるかもしれませんが、判断基準はそこではありません。摂食障碍の結果、**正常な最低限体重**を維持できていない場合を拒食症と判断しているだけです。
　拒食症には制限型とむちゃ食い／排出型の2つがあり、制限型は口に入るものを過度に制限するタイプ、むちゃ食い／排出型は過度に飲食したのち嘔吐や下剤によって排出するタイプとなりますが、後者は表面的には過食症の症状と変わりありません。
　実際のところ、過食症で食べ過ぎてしまっても「代わりに」嘔吐や激しい運動といった代償行為が見られるため、必ずしも過度に体重が増加しているということはありません。過食症は代償行為によって嘔吐や下痢の排出型と、運動や絶食の非排出型に分かれていますが、どちらも拒食症につながりやすい連続性を持っていることがわかるでしょう。そういう意味では、生命維持に重大な影響のある拒食症のほうがより重篤な症状と考えられています。事実、拒食症のために入院した患者の20％が低栄養などのために死亡しているというデータもあります。

　日本では近年、若い女性のこうした摂食障碍が社会問題になっています。発症原因にはさまざまな要因がありますが、きっかけとなるのはダイエットの習慣化と考えられています。低体重が好ましいという価値観のなかで、「食べても戻せばいい」「日々体重が落ちていく自分への達成感」など、ゆがんだ方向に意欲が向かってしまっているのです。

　依存症の原因は摂食障碍に限らず、ストレスなどの心理的な要因のほかにも、対象がどれだけ快楽をもたらすかという対象要因や、対象がどれだけ手に入りやすいかといった環境要因などが複雑にからみあっています。なかでも特徴的なのが、依存症独特の防衛機制、**否認**です。「自分は大丈夫！」という第一の否認と、「やめれば大丈夫」という第二の否認によって、依存している自分を守ってしまうのです。こうした傾向は、依存症が**否認の病**と呼ばれるほど強く示します。
　そういう意味で依存症は、本人が否認によって対象に依存し続けることを肯定してしまっているので、一般に治りにくい精神疾患と考えられています。だからこそ治療には、依存そのものを認めて治ろうとする意志が、何より必要です。

　治りにくい障碍のため結果的に入院治療を行うことが多いのですが、からだの治療とともに、依存に向かってしまう内面的な問題を解決する心理治療が不可欠です。こうした場合も本人の自覚が薄いので、家族の協力や同じ依存症の人との連携といったサポートなしにはうまく進みません。依存の対象に逃げるのではなく、現実に向かっていくために、本人ひとりで抱え込ませないようにすることが重要といえます。

3-9　さまざまな精神疾患

サポート——こころの病気 9
——心の病気を理解して、ふつうに対応することがいちばん——

　この十年でずいぶん「こころ」が大切に扱われるようになってきました。癒し（ヒーリング）がキーワードになって精神的な充足が市民権を得たといっても過言ではないでしょう。また、精神疾患もかつては精神病とひとくくりにされ差別や偏見の対象になっていましたが、最近では生理学の発展もあって、カゼなどと同じく理由のある病気ということが次第に知られ、むやみにおそれられることはなくなりました。

　しかし、それでもまだ「こころの病気」への理解は薄いのが実情です。精神疾患への理解が進むにつれ、以前では重篤になるまで気づかなかった疾患が初期の段階で見つかったり、薬物療法が充実することで全体的には軽症ですむことも多くなりました。その一方で、軽度の障碍だと、さぼりだとか仮病といった不真面目との区別がつきにくく理解も不十分で、軽度の障碍を本人も周囲もより軽く見がちです。

　身体の不調は頭痛や腹痛といった明らかなサインがあって、自分も他人もわかりやすいものですが、心の不調は「理由のない不安感」や「意味なく緊張する」など漠然としたサインしか表れません。誰もがふだんの日常生活でも感じることなので、本人ですら区別もつきにくいものです。

　ただでさえストレスが増加して、心の病気になりやすい現代社会。自分自身に限らず家族や周りの人の変調に早く気づいて、早期発見、早期治療につなげることが大切です。

　まず「心の病気では？」という判断のポイントは、繰り返しふれているように「日常生活に適応できているかどうか」という点に尽きます。実際に患者が診察の際に訴えることは、
　①不安や抑うつ感などで精神的に苦痛である
　②①にともなって動悸やめまい、不眠など身体的な症状が表れている
　③そのため外出したり集中することができない
が代表的で、実際に日常生活に支障が出ているようであれば心の病気を疑ってみたほうがよいでしょう。

　ふだんからストレスへの対処をイメージトレーニングしておけば、こうした症状も意外に押さえることができます。どんな場面で強くストレスを感じるか、そのときどんな感情が起きるか、そしてどんな対応（**コーピング**）をすればその状態が軽減できるか、そういう一連の流れを自分で知っておくだけで、ストレス自体が軽減できるのです。

　また完璧主義や他人に依存しがちな性格であれば、生活スタイルや対人関係にそもそも

疲労しやすい傾向を持っています。ですのでふだんから自分に合ったリラックス法を身につけておくとよいでしょう。

　冒頭にふれたように最近はさまざまなヒーリングであったり、ストレスの解消法が身の回りにあふれています。心身の疲労を感じたら早めに対処することが、精神衛生を保ついちばんの方法です。

　しかし、本人に自覚がなければ、こうした対処はできません。また、その状況で周囲が変調に気づいても、なかなか指摘しにくいものがあります。たとえば統合失調症では、病気という自覚が欠如しやすい疾患ですから、往々にして「自分はどこもおかしくない」と診察を拒みます。
　それでなくても、多少の不調では医者にかかれない、という考えが一般にあります。こうしたときは、本人の言動や考え方のどこがおかしいと感じているか、具体的にていねいに説明して、治療をすすめるのが一番です。
　本人が最近の自分を疑っているようであればそれで十分なのですが、拒んでも決して無理に病院に連れていくことは避けてください。医療不信、人間不信につながって、取り返しがつかなくなる危険があるからです。そうしたときは、周囲の人間が病院の情報を集めたり本人との接し方を相談しておけば、多少のリスクは回避できるでしょう。

　これは診察の開始だけでなく、日常の接し方でも同じことがいえます。家族や親しい友だちが心の病気にかかっているというと、つい過度に配慮してしまったり甘やかしてしまったりしますが、実はこうした特別扱いは、もっともしてはならないことです。とくに気分障碍の場合は、腫れ物あつかいが本人の無価値感を深めてしまいます。
　まずは病気のことを理解して、以前と変わらない部分と障碍されている部分を区別することです。そしてむやみに過保護になるのではなく、信頼できるところは従来のまま、変わってしまったところは慎重に、というメリハリをつけて接していればよいのです。
　ですから、境界性人格障碍などでは自我と他人の区別があいまいになって、昼夜関係のない電話など問題行動を起こしがちですが、こうした場合も「できること」と「できないこと」をはっきり伝えたほうがよいといえるでしょう。そうすることで、意外と問題行動が落ち着いたりもするのです。

　心の病気も身体の病気と一緒で、ついつい心配してしまいますが、本人には疎外感がいちばん悪影響を及ぼしてしまいます。周囲はあくまで「自分の生活は自分のもの。その上で、あなたにも関心はある」という当たり前の態度で接するのが、実は本人にとってもよいことなのです。「ひとりで抱え込まない」ことが精神障碍ではもっとも重要ということを忘れないようにするのが大切といえるでしょう。

コラム　虐待について

　新聞やニュースでは毎日のように虐待が原因で起きた悲しい事件が報じられています。虐待と聞くとつい体罰や、殴る蹴るといった暴力的な行為を想像されると思います。たしかに暴力が直接的な原因になることが多いですが、虐待はそればかりではありません。自分が養わなければならないこどもやお年寄りに対し、世話をしない、無視をするといった行為も虐待に含まれます。身体的虐待や性的虐待が有名ですが、暴言やさげすみといった心理的虐待、養育放棄などのネグレクトも虐待の一種です。必ずしも、目に見える形で表れるわけではないのです。

　虐待は相手の人格までも踏みにじる、非道な行為です。虐待を受けると身体ばかりか心のなかに深い傷を負わされ、癒されながらもトラウマ（心的外傷）として深く残されてしまいます。ふだんは虐待の経験を抑圧して、記憶のなかに閉じこめ表には出てきません。しかし、無意識に作用することでさまざまな問題を起こし、長年苦しめられることになるのです。

　虐待の問題は、加虐者が必ずしも悪意を持っているわけではない点です。場合によっては家庭における力関係など、自分を誇示したいがために、結果的に虐待となる行為をとっていることも多くあります。本人に意識がなくても、被虐者にとっては変わりありません。とくに児童虐待の場合、ひどいときは、いわゆる多重人格の原因にもなりかねません。

　こうした虐待の原因に、さらなる親からの虐待経験などトラウマが挙げられることがしばしばあります。たしかにアメリカの研究では加虐者の30〜40％が親からの虐待経験があるというデータがあります。虐待という行為が負の連鎖を続けてしまうことは間違いありません。しかし、それは負の連鎖を続けてもかまわないということではありません。

　虐待を乗り越えていく際、「問題行動を取るのは私自身のせいではなく、過去のトラウマのせい」であると納得し、むやみに自分を責めないことは重要です。ですが、それを免罪符に寄りかかっていては、何も克服できないばかりか、自分の孫の世代にまで虐待の連鎖を残しかねません。

　こうしたトラウマは、愛し愛されることを学ぶことで克服していけます。「仕方がないこと」で止まっていては、単なる言い訳に過ぎないのです。とくに家庭における虐待は、外からは非常に見えにくいものです。もちろん、加虐者がこうした問題行動を取るには理由がありますが、それに甘えることなく自ら乗り越えていくことが必要といえるでしょう。

第4章
さまざまな心理療法
——こころの治療

4-1 さまざまな心理療法

心理療法の基本——こころの治療1
——セラピーに求められるもの——

　精神障碍の治療にあたっては、医師による投薬といった生理学的なアプローチと、医師やカウンセラーによる心理学的なアプローチの二本立てで行われます。この心理学的なアプローチが、**心理療法**（Psychotherapy）です。心理療法を行う医師やカウンセラーのことをセラピストといい、一方の患者をクライエントと呼びますが、心理療法は「何らかの問題に直面しているクライエントに対して、セラピストが、面接などによってその問題解決を心理的に援助する営み、もしくは、その理論や技法の体系のこと」というように定義できるでしょう。

　心理療法の対象は、心理的なショックや心の病気にはじまって、行動の修正や自己実現への不安といった「こころの健康増進」を求めるものまでさまざまです。体系的な治療法として確立されたのは、19世紀末のフロイトの精神分析からですが、宗教の教えによる心の安らぎといった宗教治療や、経験則から導き出される民族治療は、それ以前から長く存在し、心の問題は解決を図られてきました（図4-1）。

図4-1　心理療法の歴史

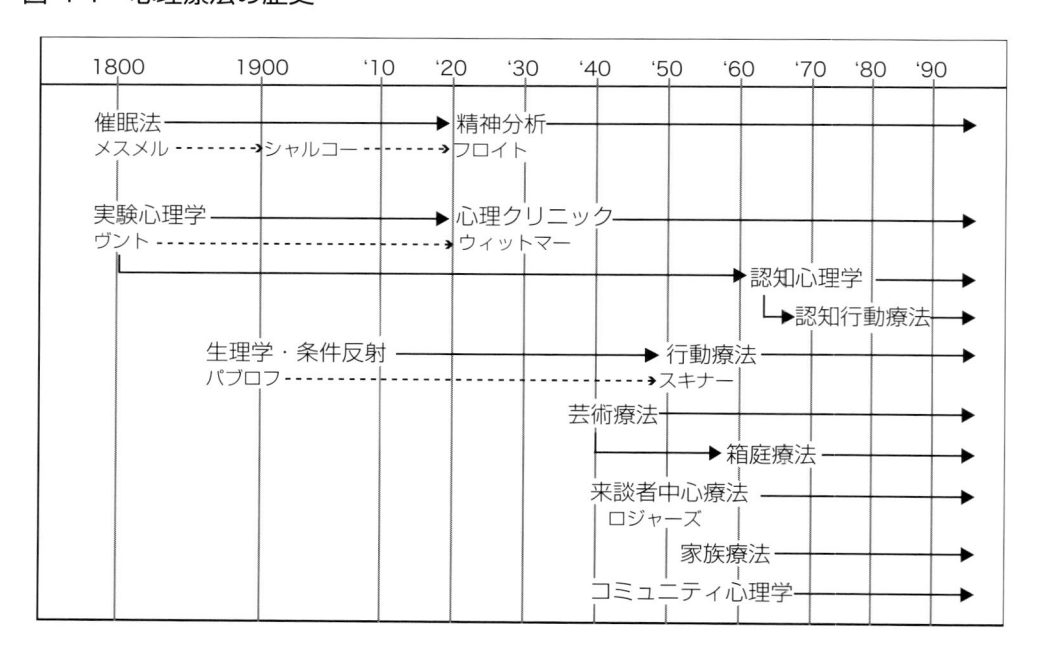

その近代的な心理療法ですが、体系立てられているといっても、セラピストの数だけあるといわれるほど多くの治療法があります。クライエントが心理療法に何を求めているのか、またセラピストがどの理論に基づくか、心理療法の目的自体が個々に変わってしまうからです。しかし、心理療法の最終目的はただ一つ、「問題を解決したいクライエントと、そのための援助の理論と技術を持つセラピストが、治療という場で出会い、両者の**信頼関係**を確立して相互作用を及ぼすことで、問題解決を図っていく」ことといえます。クライエントは、この特殊な人間関係のなかで、さまざまな新しい経験をします。その経験を通して認知、行動、感情に変化が起こり、結果として心の健康や自立性を獲得したり、人間的な能力を向上させていくのです。

ですから、セラピストに必要なのは理論や技術の習熟だけではありません。豊かな人間性や、ある一定の資質も求められます。ロジャーズは、①人間関係に感受性を持った人　②他人の反応をあるがままに観察できる人、の二つを基本的な資質に挙げました。さらに優れたセラピストには、①共感的理解に基づいた客観性　②潜在的な能力を持った相手に対する尊重　③自らの長所や短所を健全に把握している自己理解　④心理学的知識の習得、が備わっていると考えました。

心理療法では、日常生活にはない人間関係を体験します。そのためには「場面設定」が大切な役割を持ちます。とくにクライエントとセラピストが出会う初回面接の場面構成は非常に重要です。次の要素には、十分に注意を払わなければなりません。
　　①面接日時や場所の設定
　　②面接時間の制限
　　③カウンセラーの役割と責任
　　④クライエントの話題や感情表現は自由であること
　　⑤守秘義務が果たされること
　　⑥カウンセリングで得られる一般的な効果や継続期間
　　⑦相談費用についての情報を提供すること

このなかでも**プライバシーの守秘義務**は、法律が定める以上に信頼関係の基礎となるものです。傷害の可能性や犯罪性をともなう場合は別ですが、心理療法の早い段階でクライエントの了解を得ることが望ましいでしょう。その上でセラピストはクライエントから**心理アセスメント**（査定）を得て、治療にあたっていきます。なお、アセスメントは固定されたものではなく、状況に応じて随時、変更が加えられていくものです。

考えてみよう

あなたが自分の悩みを相談したい、と思う相手はどんな人ですか？　また、どんな場所で、どんな雰囲気だと話しやすいと思いますか？

4-2 さまざまな心理療法

精神分析療法──こころの治療２
── 心の奥底に押し込めたものは何ですか──

　精神分析療法（Psychoanalysis）は、ジグムント・フロイト（1856 - 1939）により確立された、人間の深層心理を分析、解釈することで心の病気を治すセラピーです。最終的には、「無意識の意識化」と「自我の強化」を目標としているものです。フロイトはこのことで、はじめて**無意識**という概念を科学の分野に持ち込みました。心の動きは無意識によって支配されているという見方です。たとえば、口唇期とはおっぱいを吸う時期ですが、この時期に「吸う」という行為に執着を残してしまうと将来、タバコやアルコールを潜在的に好きになってしまうというのです。こどものころの経験が作用している、という無意識の代表例といえるでしょう。

　そのために治療は、自由連想や催眠などで無意識を意識化させて、心的内容を見ていく過程を重視します。当時の治療の中心は神経症でしたが、その症状は抑圧された無意識の内容が表面化されているものと考えました。そして抑圧が緩和されると「抵抗」が表面化されることから、この抵抗を解決することが治療につながるとしました。

　また、幼児期の生育歴を重視し、それが性的要素につながることにも言及しました。たとえばエディプス・コンプレックスは、こどもにとって同性の親は異性の親を奪い合う三角関係にあり、性的嗜好に強い影響を与えるという心理状況を、ギリシャ神話になぞらえて呼んだものです。

　１９世紀という時代背景を考えると、非常に画期的な考えだったといえるでしょう。そのためフロイトの理論は、多くの批判を受けつつも、医学や心理学をはじめ、当時の思想に大きな影響を与えました。実際、今日行われている心理療法の多くは、フロイトの精神分析療法から枝分かれしたり、それの批判から発展してきたものといえます。

　こうした精神分析療法の目的は、クライエントがいままで気づかなかった、自己の内面を深く理解することにあります。そして「ああ、そうだったのか」という深い感動を通して（無意識の意識化）、人格の構造を変化（自我の強化）させようという治療法といえるでしょう。具体的には、古典的な寝椅子を利用した自由連想法を週４～５回で行うものから、かなりアレンジされた精神分析的心理療法まで、さまざま様式があります。ただ、重要な要素は変わりませんので、ここで見てみましょう。

１）治療の中立性
　治療者は常に精神的、現実的に中立の立場を維持することが不可欠。とくに行動化しやすいクライエントには、巻き込まれないように注意することが重要です。

2）解釈

クライエント自身が気づかなかった無意識内容をセラピストが<u>解釈</u>することで、情緒的洞察が得られるよう時期を見計る必要があります。クライエントの心的内容について言葉で伝え、クライエント自身の自己理解を促進します。

3）転移分析

クライエントがセラピストとの関係を、過去の重要な人物との関係に置きかえ（転移）させ、これを解釈することで、その人物への葛藤が洞察され、自己の統合につなげます。

4）徹底操作

解釈を一度きりにせず、繰り返し行うことでより深い洞察が生じて、人格全体の変化へとつなげます。

このなかでも転移は、クライエントから見たセラピストだけではなく、反対にセラピストからクライエントに対する転移（逆転移）もあるとされます。たとえば、セラピストがクライエントに対し「来る日が待ち遠しい」「会話が楽しい」と感じれば、その気持ちがクライエントに転移し、クライエントは快い気持ちに包まれます。逆に「今日はまた、あの人が来るのか」と気が重ければ、クライエントも重い気持ちになってしまいます。こうした逆転移はクライエントを混乱させてしまうので、セラピストは十分に気をつける必要があります。

フロイトはこうした治療を通じて、人間の心の図式化を試みました。最初は心の図式を意識、前意識、無意識という3つの領域に分け、互いに関連しながら機能していると考えました（局所論）。その後、精神装置という考えを提唱し、心はエス（イド）、自我、超自我の3つの領域から成立すると考えました（図4-2）。

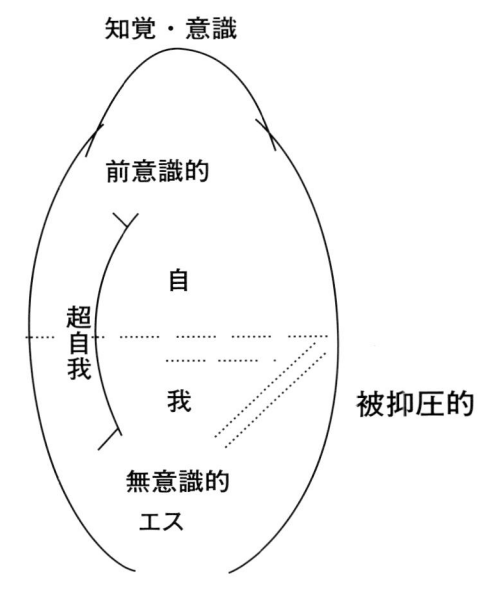

図4-2　フロイトの精神装置

4-3 さまざまな心理療法

来談者中心療法──こころの治療３
──悩んでいるあなたを尊重します──

　一般的に相談という意味でよく使われるカウンセリングや、カウンセラーという言葉があります。心理相談から悩み相談まで広く使われ、日本人にとってはなじみ深い言葉かもしれません。もともとは、**来談者中心療法**（Client-centered Therapy）のセラピーのことをカウンセリングと呼んでいました。1940年代にロジャーズによりはじめられた、心理療法です。

　このセラピーの根底には、人間への信頼という理念があります。ロジャーズは、人間は「実現傾向」を持っており、どんなに不適応の状態にあったとしても、人は自己を維持して強化しようとすると考えました。その結果、成長や健康、適応へと向かう生来の欲求が生まれると考えたわけです。

　ですから、ロジャーズによる適応とは、**自己概念**（自己構造）と**経験**（現実に起こっていること）が一致している状態を指します。つまり、経験が適切に取り込まれていれば適応しているということで、何ら問題はありません。しかし、経験がゆがめられたり、経験自体が否認されていると、それは不適応の状態といえます。そしてこの状態では、実現傾向が生かされなくなってしまうと考えたのです。

　来談者中心療法はこうした考えを元にしていますから、治療の主眼は「クライエントが自らの経験を、ありのままに自分のことと認める」ところにあります。そしてセラピストは、これを手助けする立場にあるととらえるのです。
　それまで主流だった精神分析などの心理療法では、クライエントはセラピストに対して受け身だったので指示的とも呼ばれますが、この療法ではクライエントは能動的に自ら起こす行動をセラピストが補助しているに過ぎません。そういう意味で、非指示的療法と呼ばれ、現在の主流になっています。

　最終的にクライエントが「十分に機能する人間」となるためには、不適応状態の改善、つまり経験と自己の概念が一致しなければなりません。ロジャーズは、そのためには６つの必要十分条件があると考えました。
　　①クライエントとセラピストが心理的な接触を持っている
　　②クライエントは自己不一致の状態にあり、傷つきやすいか、不安な状態にある
　　③セラピストは、この関係のなかでは自己一致しており、統合されている
　　④セラピストはクライエントに対し無条件に肯定的な関心を経験している

⑤セラピストはクライエントの内側の枠組みに感情移入的な理解を経験しており、この経験をクライエントに伝えられるよう努めている
　⑥セラピストの感情移入的理解と無条件の肯定的理解をクライエントに伝えることが、最低限、達成されること

　こうした条件を満たせるよう、セラピストは努めていくのです。そのためにはまず、クライエントが自由に自分を語ることをうながす必要があります。これが、この療法の主な治療技法なので、いくつか基本的なものを見てみましょう。

１）受容
　「あいづち」が代表的な技法。話の流れを妨げないように努め、クライエントを尊重して、注意深く話を聞きます。クライエントに寄り添っていく態度を示します。
２）繰り返し・言い換え
　繰り返しはクライエントが使った言葉をそのまま繰り返す技法で、言い換えは聞き手の言葉で表現しなおす技法。感情移入的な理解が伝えられます。
３）感情の反射
　クライエントの感情を把握し、そのときどきの感情を言葉で返す技法。言葉だけではなく、より深い感情のレベルでも理解されているという信頼につながります。
４）感情の明確化
　クライエント自身もよくわかっていない感情や整理されていない感情を、カウンセラーが明確にして返す技法。
５）要約
　クライエントがまとめきれていない話や説明を、「あなたが言いたいのは〜ということでしょうか」と明確に要約して返す技法。問題が焦点づけられ、感情とともに混乱していた内面が整理されます。
６）承認－再保障
　クライエントに情緒的な支援や承認をする技法。不安を軽減させます。

　この療法は、原則的に神経症や情緒的障碍のクライエントに用いられ、当然ながら、言語表現が十分にできないこどもには用いられません。

4-4 さまざまな心理療法

ゲシュタルト療法──こころの治療4
──あなたが感じ、気づくことからはじめましょう──

　ゲシュタルト療法（Gestalt Therapy）は、パールズにより1950年代にはじめられたセラピーです。ゲシュタルトとは、ドイツ語で「全体の形」「ひとまとまり」をいう言葉です。その意味どおり、自己の欲求を形にして「全体」としてひとまとまりになるよう、人格を統合しましょうという治療法です。実存主義的な考えで、セラピストはクライエントの解釈をしません。非分析的なセラピーが特徴といえるでしょう。

　その理由は、セラピストが解釈することで、クライエントが「自分で自分を発見する機会」を奪うと考えるからです。この治療法では、「〜すべき」という考えに縛られて、ものごとをあるがままにとらえられず、主体性を持った選択的な適応行動がとれない状態を不健康と考えます。ですから、クライエントが「自分で」選ぶという行為を妨げてはならないのです。

　こうした立場に立っていることから、セラピストはクライエントが「いま」「ここで」生き生きと過ごせるように介入していくことになります。具体的には、「父親の話をされていますが、拳を握りしめていますね。気づいていらっしゃいますか」などと、いまの事柄に関わっていくのです。
　クライエントが五感や情動反応を通して得た自発性や自分のなかの創造性に気づいて、「実存」する自己を受容することが、この療法の本質的な目的といえるでしょう。

　この視点から、クライエントが自己のあり方に目を向けられるよう、いくつかのポイントがあります。見てみましょう。
　①現在に生きよ。過去や未来でなく現在に関心を持て。『自分と現在は変えられる』
　②ここに生きよ。目の前にないものより、目の前に存在するものを取り扱え
　③想像するのをやめよ。現実を見つめて生きること。現実を体験せよ
　④不必要な思考はやめよ。むしろ、直接味わったり見たりせよ
　⑤他人の操作・自分の行動の正当化や説明はやめて、自分を率直に表現せよ
　⑥快楽と同じように、不愉快さや苦痛を受け入れよ。身を委ねて経験すること
　⑦自分以外のものから「〜すべきだ」の命令を受け入れるな。偶像礼拝はしない
　⑧自分自身の行動・感情・思考・肉体について、完全に自分自身で責任をとれ
　⑨自分自身であれ。いまのまま、ありのままの自分であることに徹しろ

また、この療法の技法には、誰も座っていないイスに他者や自己の一部を想像して座らせ、それらと対話する「ホット・シート」や、ほかにも「ファンタジー・トリップ」「ドリーム・ワーク」「ボディー・ワーク」などがあります。これらはゲシュタルト・ワークとも呼ばれています。こうしたワークをセラピストがサポートして、クライエントは自分と向き合って、未処理の問題や未解決の感情を整理し、統合していくのです。

　ゲシュタルト療法では、「ゲシュタルトの祈り」という詩をワークショップの際、よく読み上げます。この治療法の思想がよく反映されているので、最後に取り上げておきましょう。

　　私は私のことをする
　　あなたはあなたのことをする
　　私はあなたの期待に添うために
　　この世に生きているのではない
　　あなたは私の期待に添うために
　　この世に生きているのではない
　　あなたはあなた　私は私である
　　もし偶然にも、私たちがわかりあうことがあれば、
　　それはすばらしい
　　しかしもし、わかりあうことがなかったとしても、
　　それはそれでしかたがないことである

やってみよう

気になったものを観察してみましょう。
1）10分ほど散歩し、興味が引かれたものをじっくり観察しましょう
　　普段から気になっているものでもかまいません
2）観察してきたものを表現する言葉を、思いつくままにノートに書き出します
　　　例：蛍光灯　→　「白い」「うすぼんやり」「よく切れる」「まぶしい」
3）書き出した言葉をすべて、心のなかで読み上げてみましょう
4）その言葉の前に「私は」という言葉をつけて、もう一度読み上げてみましょう

4-5 さまざまな心理療法

行動療法——こころの治療法5
——適切な行動を身につけましょう——

　第一章で学んだように、私たちは過去の経験に照らしあわせて、もっとも適切な対応をピックアップして、行動を起こしています。いわゆる「学習」です。
　ここに注目した療法が、**行動療法**（Behavior Therapy）です。この療法では、心の障碍で異常行動も出てきますが、これらもまた学習された「行動」であると考え、適切な対処能力が欠如しているため表れるものととらえます。
　ですからセラピストは、まずクライエントの症状や問題のメカニズムを明らかにします。そして、それをもとにクライエントが、より適応的な行動を再学習することをサポートするのです。この行動療法の特徴には次のような点が挙げられます。
　　①すべての行動は学習されたものと考える
　　②治療対象は観察可能な行動
　　③行動は、過去よりも現在の生活との関連でとらえる
　　④治療法の反復再現性を重視し、治療効果の評価は**行動の変容**を基準にする

　ただ、行動療法の理論や技法はさまざまで、名称はそれらの総称といえます。そこで主な理論と技法を見てみましょう。

1) オペラント技法
　スキナーの「オペラント条件付け」の原理に基づいており、望ましい行動を定着させるための**強化**が特徴となります。同時に、望ましくない行動の改善のため、わざと強化子を与えない方法も用います。望ましくない行動を取ったとき、無視をする**消去法**や、一定の時間、別の場所に隔離する**タイムアウト法**などがあります。

2) 逆制止療法
　反射条件づけ、拮抗条件付けとも呼ばれる技法です。代表的なウォルピによる**系統的脱感作法**では、不安反応に拮抗する反応をともなわせることで、不安反応を弱めます。たとえば、**不安階層表**をつくって段階的に不安場面をイメージし、自律訓練による弛緩反応でコントロールします。まず自分の持っている不安を段階に分けて項目にし、レベルの低いほうから徐々にクリアできるよう訓練するのです。表4-1で対人恐怖の場合の例を挙げています。

表 4-1　不安階層法の一例（対人恐怖の場合）

		不安・恐怖を引き起こすもの	月	火	水	木	金	土	日
↑軽い	10	電車が来る直前に駅のホームに立つ	○	○	○	○	○		
	20	スケジュールが詰まり仕事に追われる			○				
	30	歯科診察の椅子に座る					○		
	40	1時間以上の会議に出る		○		○			
	50	満員のフェスティバル・ホールに入る							
	60	2時間以上運転する							○
重い↓	70	トイレのない急行列車に乗る							
	80	トイレのない満員の急行列車に乗る							
	90	渋滞する満員の高速バスに乗る							
	100	すしづめの地下鉄に乗る							

その日、実行したことをチェックしましょう

3）セルフ・コントロール法

本人自らが自分をコントロールするもので、代表的な技法に**セルフ・モニタリング法**があります。たとえばチックの場合、① 改善したい行動の自己観察と記録を行う　② 行動に影響を与えている環境要因を自己分析する　③ 改善した行動の記録　④ 改善された行動の習慣化　という手順を踏みます。

行動療法の特徴に、原因分析的なアプローチをしないことがあります。過去をほじくり返したり、心の傷に焦点を当てるようなことはしません。問題となる行動のみに焦点を当て、行動の改善、より適応した状態をつくりだすことだけを目標としているのです。

こうしたことから、ほかの治療に比べて短時間ですみ、コストもかからないという利点があります。その一方で、クライエントの個人的な経験や葛藤を考慮していないため、症状を除去したところで別の症状（代理症状）が出てくるだけという批判もあります。

ただ、クライエントを追跡調査した結果、再発や代理症状の出現は少なく、むしろ症状が消失したことで自信がつき、その後の行動によい影響が見られたというデータもあり、一概にはいえません。

やってみよう

日常生活で不安に感じることで、不安階層表をつくってみましょう

4-6 さまざまな心理療法
認知行動療法——こころの治療６
——思い込みを修正してみましょう——

　行動を起こすときには経験に照らしあわせる、それは前項でも触れました。しかし、その経験の受けとめ方自体が誤っていたら、行動もちぐはぐになってしまいます。
　こうした考えで、治療は異常な行動を変えるのではなく、行動の背景にある「認知」を改めることとした治療法が、**認知行動療法**（Cognitive Behavior Therapy）です。基本的な考え方として、行動を支配するのは「認知的プロセス」とし、これを意識することでクライエント自らが自発的に、行動や認知的反応をコントロールできるととらえます。
　ですから、治療の最終的な目標は、認知の改善にあります。そのために、クライエントがセルフ・コントロールの方法を習得し、問題への対処法を身につけられるよう、セラピストは努めるのです。

　この療法ではさまざまな問題を認知の問題とすることから、異常行動などがわかりやすく論理立てて説明できる利点があります。クライエントも、自分の問題が具体的に理解でき、自分の変化に気づきやすくなります。結果的に、セルフ・コントロールに移行しやすくなり、セルフ・ヘルプが可能になるといったメリットが生まれます。
　認知行動療法の主な理論と技法には、次のようなものがあります。

１）論理情動療法／理性感情療法
　表4-2のように、非理性的な信念は理性的な信念に対応します。「ねばならない」型の思考を変化させることで症状の改善を目指します。

２）認知療法
　異常行動の背景にある認知のゆがみを、指示的かつ構造的に修正していきます。たとえば、成功しなければという強迫観念に対し、
　　「成功しなければならない根拠がどこにありますか？」
　　　→「その理由はどこにもない。成功するか失敗するか、それは結果に過ぎない」
　といったように質問と反論で構成される論駁法が代表例です。

表4-2 理性的な信念と非理性的な信念

	非理性的な信念	理性的な信念
①受容要求	みんなから愛され、受け入れられなければならない	人に愛されることと、自分の人間的な価値は別のもの
②自己期待	すべての点ですぐれていなければならない	成功と自分の本質的価値とは別のもの
③非難	悪いことをした人々は、厳しく罰せられなければならない	非難と責任は別のもの
④欲求不満	すべてのものごとが自分の思い通りに運ばれなければならない	欲求不満は誰にでもあり、生きている限り避けられない
⑤情緒的無責任	自分の感情は外部に統制されており、自分ではコントロールできない	不快な感情の強さと維持には、自分自身の不合理な信念が関わっている
⑥不安	何かが危険で怖く思えたとき、われを忘れて不安に陥るのは当然	不安は悲劇の予言ではなく、シミュレーションを指示するサイン
⑦問題回避	障害物や責任のある仕事は逃げたほうが楽	困難や責任を回避することは、長い目で見た場合に得策ではない
⑧依存	誰か、あるいは何かに頼らないとやっていけない	何かに頼っていないと幸せになれない、ということはない
⑨過去の一般化	人生に大きな影響を与えた出来事は、いまも感情や行動を支配する	過去の事実は変えられない。しかし、現在の努力で影響力は抑えられる
⑩他人の問題へのとらわれ	他の人への問題や障害で自分の感情がコントロールできないのは当然	他人の問題と自分の感情は別のもの
⑪完全主義	何でも完璧でなければならない	完全を求めるのは最善を尽くすためで、完全であることとは別のもの

3）社会的スキル訓練

対人場面でお互いの立場や権利を侵すことなく、円滑な人間関係が結べる技能を訓練する一連の治療をいいます。

① 特定の行動（スキル）の学習が基本
② スキルは獲得が望まれるもの
③ スキルには、他人や社会との関係をうまく保つ個人間スキルと、自己管理のための個人内スキルがある
④ 新しい行動が他人に与えるインパクトとそれに感じる満足で構成
⑤ 教授と援助の体系で、援助者と被援助者の共同作業
⑥ 「状況提示」→「モデル行動」→「正の強化」という要素が含まれる

この認知行動療法は主に、PTSD、強迫性障碍、こどもや青年期のうつ病、パニック障碍に用いられ、過食症でもそれに特化した療法はおそらく有効とされています。

4-7 さまざまな心理療法

交流分析——こころの治療7
——人間関係を分析してみよう——

　交流分析（TransactionalAnalysis：TA）は、エリック・バーンが1957年に提唱したパーソナリティ理論に基づいた治療体系です。人はP（Parent）とA（Adult）、C（Child）の3つの要素から自我状態が構成されており、それぞれ他人との交流に関係があるという考えです。そして、生活や人生上の問題は、こうした個人の自律性が失われた結果だととらえます。ですから交流分析の目的は、自律性を回復することとなります。自分の能力に気づかせ、他人との親密さを取り戻すことで、本来の自分を実現しようという治療法といえるでしょう。

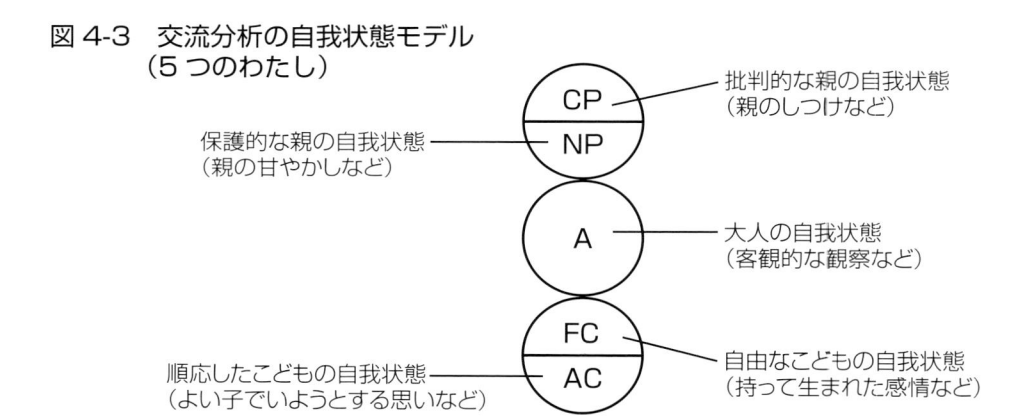

図4-3　交流分析の自我状態モデル（5つのわたし）

- CP：批判的な親の自我状態（親のしつけなど）
- NP：保護的な親の自我状態（親の甘やかしなど）
- A：大人の自我状態（客観的な観察など）
- FC：自由なこどもの自我状態（持って生まれた感情など）
- AC：順応したこどもの自我状態（よい子でいようとする思いなど）

　人間社会はまさしく人どうしの交流で成り立っていますから、交流分析は心理療法のみならず、人間管理やマネージメント、教育などさまざまな分野で応用されています。本書では、治療法としてのみ取り上げていますが、根底に流れる理念や技法は、ふだんの生活のシーンにも当てはまるものが多いといえます。
　こうした交流分析の基本理論には次の4つが挙げられます（交流分析の4つの柱）。

1）構造分析
　3つの自我状態のバランスを分析します。交流分析では自我状態は「思考や感情、行動が統合されたシステム」と定義されますが、どの「わたし」が行動しやすいのか、状況に応じて3つがうまくバランス配分されているかを調べ、バランスの悪い自我状態を訓練によって高めようというものです。エゴグラムが利用されます。

2）やりとり分析

対人関係のやりとりを、3つの自我状態を使って分析します。「やりとり」には相補交流・交差交流・裏面交流の3種類があるとされ、まず自分に特有のパターンを発見して、もしそれが対人交流に悪影響をもたらすようであれば改善して、生産的な対人関係をつくりだそうというものです。

3）ゲーム分析

ゲームは最終的に不快感を持って終わる一連の裏面的、相補的な交流のことをいいます。当人はゲームをしていることに気づいていないので、ゲーム中に繰り返し「対人関係で繰り返す悪いクセ」が表れ分析することができます。また得意なゲームの種類は、幼いころに親からどう扱われたかに強く影響されます。ゲームには、

　　わな　＋　弱み　→　反応　→　自我状態の転換　→　混乱　→　報酬

という「ゲームの方程式」が見られます。

4）脚本分析

人生を「一編のドラマ」と解釈して、人にはそれぞれの脚本があり、人生という舞台で脚本に書かれた役割を演じている、と考えます。人生の脚本は「無意識の人生計画」と定義され、幼児期に無意識のうちに「人生をこのように生きよう」と決意し、その役に従って人生を歩みはじめるのです。そこでまず自分の脚本に気づいて、新しい人生を送ろうとするなら、新しい脚本をつくる手助けをするのが、この分析の目的です。

こうした交流分析は、人が対人交流を何らかの形で求める、という前提に立っていますが、この欲求は次の3つの欲求を満たすためだと考えています。

1）ストローク

本人の存在や価値を認知するあらゆる働きかけのことをいいます。いわばバランスのとれた心の栄養と呼べるものです。与えられ方によって身体的、非言語的、言語的と分けられ、さらに受け取った側の感じ方によって肯定的、否定的に分けられます。

2）人生の立場への欲求

人は8歳ぐらいまでに家庭でどんなストロークを与えられたかによって自己や他者に対する認識が決まってしまいます。これを「人生の立場」といい、

　「自他肯定」健康的な立場　　　　　　　「自己否定・他者肯定」抑うつの立場
　「自己肯定・他者否定」攻撃者の立場　　「自他否定」行き止まりの立場

の4パターンがあります。

3）時間の構造化への欲求

時間の使い方を明確にして、心理的に安定しようとする欲求があります。具体的には、自閉や儀式、雑談、活動、ゲーム、親密などがあります。交流分析は、親密という時間の構造化を目指します。

4-8 さまざまな心理療法

芸術療法――こころの治療8
――言葉を使わない治療法――

　いままでさまざまな治療法について触れてきましたが、基本的には言葉でコミュニケーションが取れるという前提に立ったものです。しかし、クライエントの年齢や病状によっては、言語が利用できない場合もあります。こうした状況で非常に効果が高いのが、非言語的な表現手段を用いた**芸術療法**（Art Therapy）です。

　この言葉がはじめて用いられたのは1942年のことで、慢性患者に対する生活療法の一つとして絵画療法が導入されたのがはじまりとされています。それから絵画だけでなく、造形や箱庭、ダンス、音楽などさまざまに応用され、1960年代に心理療法の一つとして確立されました。芸術療法には次のような特徴があり、現在では心理療法の大切な技法ともなっています。

　①言語化できない心の深層を視覚的にフィードバックでき、自己洞察につながる
　②非言語的表現そのものにカタルシス効果があり、自己治癒につながる
　③自己表現したものを五感でフィードバックでき、自己受容や自己洞察につながる
　④経過とともに自己表現や人格の統合を促せる
　⑤セラピストが一緒に作業でき、「関与しながらの観察」が可能

　芸術療法は非言語的な手段で治療を行えるので、たしかに疾患の適用範囲は広いといえます。ただ、精神病圏のクライエントには妄想が広がるといった症状の悪化も考えられます。本質的には、心の深層に触れてしまう治療法ですから、導入や技法の選択には十分な注意が必要だといえるでしょう。
　それではさまざまある芸術療法から、代表的なものを見ていきましょう。

１）絵画療法（描画療法）
　　もっとも古典的な芸術療法で、自由画法と課題画法に大きく分かれます
　　①交互色彩分割法　　　③風景構成法
　　②スウィグル技法　　　④家族画法・バウムテスト

２）箱庭療法
　　ローエンフェルトのはじめた治療法で、内側が青く塗られた砂箱にミニチュアの人形や動物を置いて箱庭をつくります。砂に触ることは退行的になりやすく、自己の深層のエネルギーやイメージを呼び起こしやすいともいわれています。

３）コラージュ療法
　　雑誌から切り抜いた写真や絵を、画用紙に貼ります。主に集団療法の場で利用絵画療

法に比べ、①絵を描くことに抵抗のある人でも導入しやすい、②技術的に簡単で、年齢や疾患にかかわらず広く適用できるといった利点があります。

4）音楽療法

音楽を用いた心理療法の総称で、音楽鑑賞から演奏、歌唱などさまざまです。アメリカでは音楽療法の歴史も長く、音楽療法士の資格があります。日本では最近、注目が高まっています。

芸術療法は、治療行為自体がクライエントの緊張をほぐしたり効果のあるものですが、一方でセラピストにとっても、さまざまな情報が入ってくる手法です。とくに箱庭療法やコラージュ療法では、① 統合性　② 素材の配置　③ テーマ、など作品を理解するための観点がいくつかありますので、図で見てみましょう。

図4-4　空間図式の分析

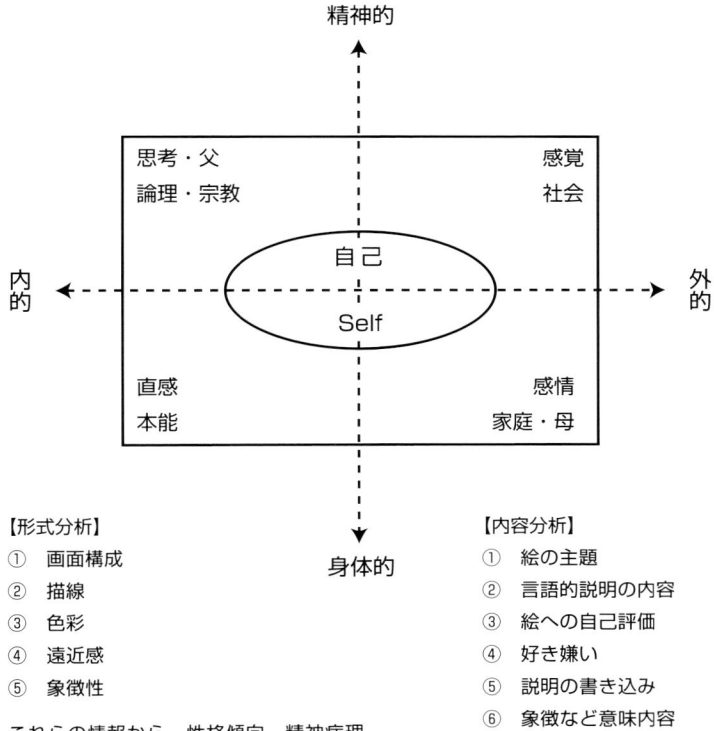

```
                            精神的
                              ↑
        ┌─────────────────────┼─────────────────────┐
        │ 思考・父                         感覚      │
        │ 論理・宗教                       社会      │
        │          ╭─────────────╮                  │
 内的 ←─┼──────────│    自己     │──────────────────┼→ 外的
        │          │    Self     │                  │
        │          ╰─────────────╯                  │
        │ 直感                             感情      │
        │ 本能                             家庭・母  │
        └─────────────────────┼─────────────────────┘
                              ↓
                            身体的
```

【形式分析】
① 画面構成
② 描線
③ 色彩
④ 遠近感
⑤ 象徴性

これらの情報から、性格傾向、精神病理
Th－CI 関係などが読み取れます

【内容分析】
① 絵の主題
② 言語的説明の内容
③ 絵への自己評価
④ 好き嫌い
⑤ 説明の書き込み
⑥ 象徴など意味内容

4-9 さまざまな心理療法

自律訓練法——こころの治療法 9
——想像力、自己暗示も一つの治療法——

　自律訓練法（Autogenic Training）は、オスカー・フォクトによる臨床的催眠研究を元に、1932 年にシュルツによって創設された、心身の安定や機能回復を主目的とした自己訓練法です。自己催眠法を用いた自己弛緩法の一つで、受動的な注意の集中により自己暗示をかけ、自律神経の調節を図ります。その結果、感情が鎮まり、ストレスの緩和につながります。

　生理学的には脳幹部の機能が調整されるので、心身の自己治癒力が高まり、全般的な健康増進が図れると考えられています。そして次のような日常生活への効果が期待できるとされています。

　　①疲労が回復する
　　②気分のイライラが少なくなり、落ち着きが出る
　　③自己コントロール力が増し、衝動的行動が少なくなる
　　④身体的な緊張や精神的な痛みが緩和される
　　⑤緊張から生じる高血圧や動悸をコントロールできる
　　⑥良質の睡眠が得られる
　　⑦仕事や勉学の能率が上がる
　　⑧内省力がつき、自己向上性が増す
　　⑨自律神経機能が安定する
　　⑩自己決定力がつく

自律訓練法のなかでも基本的な「標準練習」は、以下のような手順で進められます。

1）準備
　適温適湿の静かで落ち着いた場所に、身体的な圧迫感や違和感のない格好で、くつろいだ姿勢をとります。姿勢には「あおむけ」「よりかかり（背の高いイスにもたれる）」「腰かけ（背のないイスで首を楽にたらす）」があります。

2）注意事項
　①練習公式を頭のなかで繰り返して、身体の部位に注意を向けていく受動的な注意集中を心がけます。雑念が浮かんでもそのままでかまいません
　②1 回 3〜5 分程度を一日に 3 回、行います
　③睡眠前以外は、練習後に消去動作をします

3）標準練習公式
　①背景公式　　身体がくつろいで、気持ちがとても落ち着いている
　②重量感　　　手足が重たい（利き腕からはじめ、→逆腕→両脚と進む）
　③温感　　　　手足が温かい（利き腕からはじめ、→逆腕→両脚と進む）
　④心臓調整　　心臓が静かに規則正しく脈打っている
　⑤呼吸調整　　楽に息をしている
　⑥腹部温感　　胃のあたりが温かい
　⑦額部冷涼感　額がすずしい

　標準練習は一つの公式が十分にできるまで、次の公式には進みません。その間に適宜①の公式を挿入しますが、②〜⑦すべてができるようになるには、最短でも2〜3か月かかるといわれています。それぞれの感覚に集中しにくいときは、お湯に手をつけるなど具体的に行ってもかまいません。

　自律訓練法は不安や緊張、恐怖などを主症状とする神経症、心理的ストレスが強く影響しているさまざまな心身症の治療に用いられていますが、年令や知的レベル、性格傾向などによって用いてはならない場合もあります。とくにクライエントが持病を持っているときは、医師との相談が必要です。
　また近年では、精神障碍の治療だけでなく、注意・集中力の向上、ストレスの発散、創造性の開発といった目的で、自己啓発や教育、スポーツにも広く応用されています。

表4-3　自律訓練法記録用紙

日付	時刻		公式	姿勢	練習の結果とその感想または症状 （気がついたことは何でも記入）
	朝	自　時　分 至　時　分			
	昼	自　時　分 至　時　分			
	夜	自　時　分 至　時　分			

4-10 さまざまな心理療法

これからの心理療法──こころの治療１０
──心理療法も新しい環境に適応していく──

　心理療法は問題を抱えた人に対し、その人の内面に焦点を当て問題解決を図ろうという治療法です。そのため、当然のように「セラピスト対クライエント」の個人療法がほとんどで、クライエントだけにアプローチをかけるところから出発しました。

　ですが本書でも触れてきたように、障碍の原因や心理療法の理論が整ってくるに従って、障碍に悩む本人だけでなく、周囲の環境にも目を向けるようになりました。近年ではさらに、クライエントを囲む周囲のグループにも焦点を当てるようになってきています。

　広い意味でクライエントのもっとも重要な環境といえる家族に焦点を当てた**家族療法**や、一人だけで回復を志すのでなく集団で一緒に回復を目指す**集団療法**などです。

　同じように、これまで本書で触れてきた治療法を単一で続けるのでなく、より効果を高めるために複数の治療法を組み合わせているのが、現在のトレンドです。実際、治療法を組み合わせることで、問題解決へのスピードは格段に上がっています。

　こうした治療法を折衷的心理療法とも呼んでいます。特定の理論に固執せず、クライエントの問題とニーズに合わせて、さまざまな理論から技法を利用するものです。中途半端に陥る危険性がある一方で、臨機応変に異なった技法を使えるメリットがあります。

　このような傾向の背景には、何か問題が起きてからの対処ではなく、そもそも問題が起きないようにする、すなわち予防という考えがあります。その代表例が、コミュニティ心理学と呼ばれるものです。クライエントが生活する、社会や組織といったコミュニティという視点からクライエントを理解して、よりよい生活を送れるようサポートをします。その際には次のような点に気をつけなければなりません。
　　①コミュニティ感覚を持つこと
　　②社会的文脈で対象者をとらえること
　　③治療より予防を優先させること
　　④病理性より健康性に焦点を当てること
　　⑤専門家と非専門家が協働すること

　近年、コミュニティ心理学のなかでもとくに注目されているのが、**不登校**へのアプローチです。かつては不登校というと、さぼりグセや気が弱いなどと考えられ、家族や教師、本人すらもそう思っていました。そのため、ただ「学校へ行きなさい」という働きかけだけが行われていました。

しかし、実際に不登校のこどもたちを調査してみると、実に７割に神経症傾向が見られました。初期の不登校研究でいわれていた「学校恐怖症」という原因は正しかったといえるでしょう。こうしたケースでは、従来の治療法が十分に効果を発揮します。
　それ以上に問題だったのが、残りの３割です。神経症と考えてセラピーを行っても効果が表れず、試行錯誤を繰り返しました。その結果、本人だけにアプローチしても問題解決には結びつかないという、新たな理解につながっていきました。

　あらためて不登校を、コミュニティ心理学の視点からとらえてみると、本人が所属している場が重要な問題になります。この場合、こどもが所属している場とは家族になりますが、この家族の構造が検討対象となるのです。極端な例ですが、両親の不仲を、本人が不登校という家族内の問題を起こすことで必死につなぎとめている場合もあります。
　このように、真の問題は本人でなく家族の問題であり、それが家族のなかでもっとも弱いこどもに、症状が表れていると考えられるのです。こうした場合、症状が表れているこどもは「患者」と呼ばず、ＩＰ（患者と見なされた人）と呼びます。

　不登校という症状は、家庭の問題解決とともに解消することもあれば、家庭環境を応用した技法を用いて改善を図る場合もあります。たとえば「学校に行かないよう努力しなさい、そのためにいつもの腹痛を起こしなさい」とわざと反対の指示を出します。するとこどもは、腹痛を起こせば指示に従ったことになり、指示に反対して学校に行けば、結果的に問題解決になります。こうした、どちらに転んでも叱られない、という変わった経験をさせるアプローチもあるのです。
　また、学校からのアプローチとしては、「親との関係づくり」と「生徒との関係づくり」をそれぞれ大切にすることがあります。家庭のなかでコミュニケーションがうまくいっていない可能性が高く、双方の関係を強化しておくことが予防にもなるのです。
　社会という集団のなかで生きている私たちですから、１対１より１対多数やチーム戦のほうが効率よく問題が解決されることも多く、また一度に複数の問題が解決することもしばしばあります。
　心理療法は、その時代や社会に生きて悩んでいる人を手助けするものです。人と同様、新しい環境に順応していかなければなりません。もし、あなたが適応できずに悩んでいたら、「心理療法」という選択肢もあることを思い出してください。そしてその選択肢を選んで、自分にあうかどうかを試してみるのもよいでしょう。

コラム　障碍という言葉

　精神障碍というと、みなさんは「精神障害」という漢字を思い浮かべるかもしれません。もしくは「害」の字は差別的だからと、ひらがなで「障がい児」という書き方のほうに覚えがあるかもしれません。ですが、実はどちらも本当は正しくありません。本来は、「障碍」という字を書いていました。
「碍」の字は石偏から想像できるように、道を妨げるような石を指し、そこから妨げられ流れが滞っている状態を指す言葉になりました。難しい漢字なので利用されなくなり、障害という言葉が当てられるようになったのです。障害からイメージされる、精神が何かしら侵されてしまった状態ではなく、生理的にも正しい、精神の流れが滞ってしまい困った状態を指していたのです。ですから本書では、正しい理解をしてもらおうと、あえて難しい「障碍」という言葉を使っています。

　この言葉の持つ意味は、クライエントが障碍を受容する過程に重要な役割を果たすといえます。クライエントに精神障碍が生じると、まずはケアなどに忙殺されますが、次第に自身に障碍があることを認識し、それを認めたくない気持ちが生じます。これは「障害」という言葉があるように、自分を害する存在でしかないからです。しかし、現実を否認し続けることはできませんから、混乱を経て建設的な前向きの努力がはじまり、障碍を受け入れていくようになります。つまり、障碍はたしかに不便なものですが、何ら自分の価値を貶めるものではなく、改善に向けて淡々と努力すればいいことに気づくのです。いってみれば、害のある「障害」から単なる滞りである「障碍」へと、見方が変わっていくともいえるでしょう。

　この過程は、肉親や友人との死別、大事なものを失うといった喪失体験や、人生に関わるような挫折体験から立ち直る過程と似たところがあります。絶望やあきらめ、次への希望といった強い情動を経て、新しい人間に生まれ変わった自覚を持つしかないからです。
　ただ、この過程は誰しもが同じように踏んでいけるわけではありません。衝撃の受け止め方、環境、価値観など個々に違いますから、歩む速度は人それぞれです。また、価値の転換に至らずとも、障碍と折り合いがつけばそれでよいのです。周囲の人間は、それをやさしく見守り、大切な存在であることを示しつづけることが、当人にとっていちばんよいといえるでしょう。

さまざまな心理テスト

1．20答法

_____年_____月_____日　記入

　深く息を吸い込み、ゆっくり吐き出して下さい。心の準備は整いましたか？
　それでは、下の記入欄（下線部）に『私は』に続く言葉を２０個書いてください。何でもかまいませんので自由に自分を表現してみてください。
　たとえば「私は女性です」というように書きます。制限時間は５分です。

01.　私は、_____。
02.　私は、_____。
03.　私は、_____。
04.　私は、_____。
05.　私は、_____。
06.　私は、_____。
07.　私は、_____。
08.　私は、_____。
09.　私は、_____。
10.　私は、_____。
11.　私は、_____。
12.　私は、_____。
13.　私は、_____。
14.　私は、_____。
15.　私は、_____。
16.　私は、_____。
17.　私は、_____。
18.　私は、_____。
19.　私は、_____。
20.　私は、_____。

【結果の出し方】（アメリカの心理学者クーニとマックパーランドによる「20答法」）
①　結果の内容を見て、合意反応と非合意反応に分けます
　　合意反応　：客観的事実　　例）私は〇歳です／私は〇〇県出身です
　　非合意反応：主観的事実　　例）私は短気です／私は犬に似ている

②　合意反応から非合意反応に変わる最後の質問番号に〇をつけます。これをローカス・スコアといい、この数字が大きいほど自分自身を社会的な枠組のなかでとらえているということになります（日本児童の平均：３─５の範囲内）

２．対人的開放性

＿＿＿年＿＿＿月＿＿＿日　記入

次の文章を読んで、自分に当てはまるものに、○をつけてください。

01. 夢で見た思いがけないことが、そのとおりに起きたことがある
02. 自分は、常識的な人間だと思う
03. 他人の言動に内心では、怒ったり傷ついたりすることが多い
04. ハッキリと自分の意見をいうことができる
05. ウソや演技が、上手である
06. 他人からよく欠点を指摘されるが、だいたい思い当たる
07. 思い当たらない自分のクセをいわれて、とまどうことがある
08. 人の好き嫌いがはげしいと思う
09. 自分の意見は、批判されない状況で確かなことだけをいう
10. 祈ったり、瞑想したりすることがある
11. 自分は、人に誤解されることが多いと思う
12. 誰の目から見ても下手だったけど、上手になったものがある

【結果の出し方】（ジョハリの窓）
① ○がついた個数を、次のグループごとに数えます
　　02　04　06　の数　→ ＿＿＿＿＿個：A（開放された窓）
　　03　07　11　の数　→ ＿＿＿＿＿個：B（盲目の窓）
　　05　09　12　の数　→ ＿＿＿＿＿個：C（隠された窓）
　　01　08　10　の数　→ ＿＿＿＿＿個：D（未知の窓）

② どのグループがいちばん多かったですか？　解釈は以下のとおりです
　　A（開放された窓）　：自分と他人に分かっている部分
　　B（盲目の窓）　　　：自分には分かっていないが他人に分かっている部分
　　C（隠された窓）　　：自分は分かっているが他人には分かっていない部分
　　D（未知の窓）　　　：自分にも他人にも分かっていない部分

図　ジョハリの窓　　どの窓が一番大きいか？

		自分が	
		知っている	知らない
他人が	知っている	A 解放領域	B 盲点領域
他人が	知らない	C 隠蔽領域	D 未知領域

3．感情曲線作成

_____年_____月_____日　記入

　生まれてから今日現在までの状況を、感情の浮き沈みを基準にふりかえってみましょう。
　0の線を基準に、よりよい状態であったと感じられた時代を＋の方向に、より悪い、落ち込んだ状態と感じられていた時期は－の方向に線を移動させながら、自分のたどってきた道筋を一本の線に表しましょう。
　おもな出来事も記入してください。現在以降についても、自分がどうなっているのか点線で書き入れてみましょう。

＋
↑

0

↓
－

【結果の使い方】
第2章のワークシートの結果とつき合せてみましょう。

4．ライフイベントスケール

_____年_____月_____日　記入

以下の項目から、過去1年間の自分にあてはまるものに○をつけて下さい。

順位	生活上の出来事（ライフイベント）	ストレス度	順位	生活上の出来事（ライフイベント）	ストレス度
1	配偶者の死	100	23	息子や娘が家を離れる	29
2	離婚	73	24	義理の親類とのもめごと	29
3	夫婦の別居（配偶者との別れ）	65	25	特別な成功（大きな成功）	28
4	入獄（拘禁）	63	26	妻が働き始めるか、仕事をやめる	26
5	親密な家族員の死	63	27	学校に行き始めるか、学校をやめる	26
6	個人の負傷や病気	53	28	生活条件の変化	25
7	結婚	50	29	個人的な習慣の変更	24
8	失職（解雇）	47	30	上司とのもめごと	23
9	夫婦の和解	45	31	労働時間や労働条件の変化	20
10	隠退（退職）	45	32	住居の変化（転宅）	20
11	家族の健康上の変化	44	33	学校の変化（転校）	20
12	妊娠	40	34	娯楽の変化	19
13	性的な障害	39	35	宗教上の活動の変化	19
14	新しい家族員の加入	39	36	社会的な活動の変化	18
15	仕事上の再適応	39	37	数十万の借金	17
16	経済状態の変化	38	38	睡眠習慣の変化	16
17	親しい友人の死	37	39	家族が一緒になる回数の変化	15
18	仕事上の配置がえ	36	40	食生活の変化	15
19	配偶者とのトラブル	35	41	休暇	13
20	借金が数百万円に及ぶ	31	42	盆・暮・正月を迎えた	12
21	借金やローンのトラブル	30	43	軽い法律違反	11
22	仕事上の責任の変化	29			

【結果の出し方】（Holmes,T.H. & R.H.Rahe 1970　より改変）
①　○のついたストレス度の合計値を出します

②　数値によって次のように考えられます

　　　合計点　　　～149：　とくに意味のある変化なし
　　　　　　　150～199：　軽い生活変化（病気になる可能性33％）
　　　　　　　200～299：　中程度の生活変化（病気になる可能性50％）
　　　　　　　300～　　：　高度な生活変化（病気になる可能性80％）

５．うつ傾向自己診断

_____年_____月_____日　記入

以下の項目から、過去１年間の自分にあてはまるものに○をつけてください。

考えと気分	ない：０	時々：１	かなり：２	非常に：３
01．不幸な気分になる				
02．悲しい気分になる				
03．泣きたくなる				
04．自分自身に失望している				
05．自分は無価値だと思う				
06．将来に希望が持てない				
07．罪悪感がある				
08．自分を責める				
09．決断ができない				
行動と人間関係				
10．孤独を感じる				
11．家族や友人など他人に興味を持てない				
12．仕事に興味を持てない				
13．やる気がない				
14．人生に満足できない				
体の異常				
15．疲れやすい				
16．食欲がない				
17．よく眠れない				
18．健康が心配				
19．性に興味を失う				
20．ずいぶんやせてきた				
自殺願望				
21．自殺したくなる				
	点	点	点	点

合計_____点

【結果の出し方】
合計得点によって次のように考えられます
　得点　　　１０点以下　　正常範囲
　　　　　　１１〜１６点　軽いうつ状態の可能性あり
　　　　　　１７〜２０点　軽度ないし中程度のうつ状態の可能性あり
　　　　　　２１〜３０点　中程度ないし重度のうつ状態の可能性あり
　　　　　　３１〜４０点　重度のうつ状態の可能性あり
　　　　　　４１点以上　　極度のうつ状態の可能性あり

６．ストレス度チェック　　　　　　　_____年_____月_____日　記入

以下の項目から、自分にあてはまるものに○をつけてください。

01. よくかぜを引き、かぜが治りにくい
02. 手や足が冷たいことが多い
03. 手のひらや、わきの下に汗をかくことが多い
04. 急に息苦しくなることがある
05. 動悸がすることがある
06. 胸が痛くなることがある
07. 頭がスッキリしない（頭が重い）
08. 目がよく疲れる
09. 鼻づまりすることがある
10. めまいを感じることがある
11. 立ちくらみしそうになる
12. 耳鳴りがすることがある
13. 口の中があれたり、ただれたりすることがよくある
14. のどが痛くなることが多い
15. 舌が白くなっていることがある
16. 好きなものでも食べる気がしない
17. いつも食べ物が胃にもたれるような気がする
18. 腹が張ったり痛んだり、下痢や便秘をすることがよくある
19. 肩がこりやすい
20. 背中や腰が痛くなることがよくある
21. なかなか疲れが取れない
22. 最近、体重が減った
23. 何かするとすぐに疲れる
24. 気持ちよく起きられないことがよくある
25. 仕事をする気が起こらない
26. 寝つきが悪い
27. 夢を見ることが多い
28. 夜中に目が覚めたあと、なかなか寝つけない
29. 人と付き合うのがおっくうになってきた
30. ちょっとしたことで腹がたったり、イライラしそうになることが多い

【結果の出し方】（ＳＣＬストレス度チェックより）
○のついた数によって次のように考えられます。
　　　○の数　　　〜　５　：　問題なし。この状態を維持するように心がけましょう
　　　　　　　　６〜１０：　軽度のストレス状態。食事や休養、睡眠に気をつければ回復するでしょう
　　　　　　１１〜２０：　中程度のストレス状態。慢性的なストレスが多い場合は専門家に相談を
　　　　　　２１〜　　　：　重度のストレス状態。心身症の可能性も大きいので、すぐに専門家に相談を

7．ストレス耐性度チェック

_____年_____月_____日　記入

それぞれの項目で、もっともよく当てはまるところに〇をつけてください

	めったにない	ときどき	しばしば	いつも
01. 冷静な判断をする	1	2	3	4
02. 明朗である	1	2	3	4
03. 表現する方である	1	2	3	4
04. 楽しい	1	2	3	4
05. 人の顔色が気になる	4	3	2	1
06. 前向き	1	2	3	4
07. うらやましがる	4	3	2	1
08. 動くことが好き	1	2	3	4
09. 人をとがめる	4	3	2	1
10. 人の長所をみる	1	2	3	4
11. 融通がきく	1	2	3	4
12. 手紙の返事をすぐに書く	1	2	3	4
13. のんき	1	2	3	4
14. 事実を確かめる	1	2	3	4
15. 配慮する	1	2	3	4
16. 感謝できる	1	2	3	4
17. 友人が多い	1	2	3	4
18. 家庭内不和	4	3	2	1
19. 仕事がきつい	4	3	2	1
20. 趣味がある	1	2	3	4

合計_____点

【結果の出し方】（ＳＣＬストレス度チェックより）
点数の合計を下のグラフに照らし合わせてみましょう

あなたのストレス耐性度

0　10　20　30　40　50　60　70　80
← 弱い　強い →
0　10　20　30　40　50　60　70　80

8. タイプAテスト

_____年_____月_____日　記入

それぞれの項目で自分に当てはまる数字に○をつけてください。

	いつも	しばしば	ない
01. 忙しい生活だ	2	1	0
02. 毎日の生活で時間に追われているような感じがする	2	1	0
03. 仕事などものごとに熱中しやすい	2	1	0
04. 仕事に熱中するとほかのことに気持ちがいきにくい	2	1	0
05. やる以上は徹底的にやらないと気がすまないほうだ	4	2	0
06. 自分の仕事や行動に自信を持てる	4	2	0
07. 緊張しやすい	2	1	0
08. イライラしたり怒りっぽいほうだ	2	1	0
09. きちょうめんだ	4	2	0
10. 負けず嫌いだ	2	1	0
11. 気性がはげしいほうだ	2	1	0
12. 仕事などで周りに競争心を持ちやすい	2	1	0

合計 _____ 点

【結果の出し方】
合計点が16点以上だと、タイプAの性格に分類されます。タイプAは積極的、行動的な反面、ストレスをためやすい傾向があります

9．原因帰属チェック

_____年_____月_____日　記入

それぞれの項目で該当する場合は○を、該当しない場合は×を、□に書きこんでください

項目		A	B	C	D	E
01	世の中では、努力が無駄に終わってしまうことが多い	□				
02	人生は成り行きに任せたほうが案外うまくいく		□			
03	努力不足と思い込んで、ものごとをあきらめてしまうことが多い			□		
04	好む好まないにかかわらず人生はチャンスや幸運が重要な役割を果たしている				□	
05	その気になってがんばっても、この世はあまりにままならない					□
06	世の中では、努力に対して報いられることはまれである	□				
07	ものごとは運不運もあるから、あまり先のことまで計画を立てても仕方がない		□			
08	私はやもすれば、いい加減に行動してしまうことが多い			□		
09	願いごとが叶うかどうかは、運不運とかなり深い関係がある				□	
10	自分自身にふりかかる問題に対して、私はあまりにも無力である					□
11	努力や能力だけでものごとがうまくいくと期待するのは単純すぎる	□				
12	めんどうな問題に直面したとき、あまり考え込まないことが賢明である		□			
13	私はいつも統制（コントロール）されていないと怠けてしまいがちである			□		
14	人生には偶然ということがあるから希望が持てる				□	
15	人は自分ではどうすることもできない境遇の犠牲者であることが多い					□
16	努力してもよい結果として現れることはまれである	□				
17	人生はなるようにしかならないから、クヨクヨしてもはじまらない		□			
18	私は自分のことを自分で始末するのが苦手である			□		
19	運命を信じて生きなければ、あまりにも夢がない				□	
20	自分のやることは裏目に出ることが多く、ツイていないように思う					□
21	よいポストに就けるかどうかは、たまたまその場に居合わせたかどうかによる	□				
22	遠い将来の成功を求めて苦労するよりも現在の生活を楽しく送ったほうがよい		□			
23	私はものごとに飽きっぽいほうである			□		
24	人が不幸にあったとしたら、その人はそのような運命にあったからだと思う				□	
25	社会の仕組みができあがっている以上、個人の力が生かされる余地は少ない					□
26	この世の中では、真面目な者があまりにも報いられない	□				
27	厄介なことを決断する際、一か八かで決めると案外うまくいく		□			
28	私は今でも自分の生き方についてはっきりとした考えを持てないでいる			□		
29	運の強い人は、結局成功を収める				□	
30	しばしば、自分は他人に利用されている、と思うことがある					□

【結果の出し方】

① 縦のラインごとに、○の数を数えます（○＝1点）

A _____点　　B _____点　　C _____点　　D _____点　　E _____点

② それぞれの点数によって、0～2点であれば内的に、3～6点であれば外的に○をつけます

　A：（内的・外的）　B：（内的・外的）　C：（内的・外的）　D：（内的・外的）　E：（内的・外的）

③　それぞれ次のような傾向のあることがわかります
　　A：努力観
　　　内的統制型：　成功は努力により、努力は社会に認められるという信念が強い。努力を社会や人生で重要視
　　　外的統制型：　努力はむなしいという信念が強い。正直者がバカを見る、やってもやらなくても同じという意識がある

　　B：刹那性
　　　内的統制型：　将来を展望して行動する。計画的に行動し、堅実的な行動を好む
　　　外的統制型：　出たとこ勝負で行動し、目先のことに価値観を置く。極端な行動を好み、楽観的

　　C：自己統制
　　　内的統制型：　安定性・自立性・忍耐性がある。自分に厳しい
　　　外的統制型：　動揺しやすい。人当たりがよい。他者依存傾向が強く、度胸がない

　　D：運・好機志向
　　　内的統制型：　自分に行為の責任を帰す。経験を活かす行動をとり、成功を自分の努力や能力に期待する
　　　外的統制型：　自分以外に行為の責任を帰す。運・チャンス任せの行動様式。運命論者

　　E：社会的力量性
　　　内的統制型：　社会的な有能感。社会に影響を及ぼす自信が強い。周囲や環境を支配する。逆境に強い
　　　外的統制型：　社会的な無力感。社会的に弱小意識が強い。逆境に弱く、同調的

④　A～Eの合計点を出し０～１０点なら内的に、１１～３０点なら外的に○をつけます
　　　　合計得点　＿＿＿＿＿＿点　（内的・外的）

⑤成功や失敗など、ものごとの原因の考える傾向がわかります
　　統制の所在性
　　　内的統制型：　行為や結果が、努力や能力といった内的特性によって統制できるという信念が強い。自信が強く能動的で、情緒は安定
　　　外的統制型：　行為や結果が、運やチャンス、社会的制度など他者によって統制されているという信念が強い。他力本願で劣等感が強く、受動的。不安傾向が強い

１０．孤独感テスト　　　　　　　　　　　　　＿＿＿年＿＿＿月＿＿＿日　記入

次の質問に、「はい：２」「どちらかというとはい：１」「どちらともいえない：０」「どちらかというといいえ：－１」「いいえ：－２」の５段階で答えてください。ただし下線のある質問は「はい：－２」と＋と－を逆にしてください。

01. 私のことを親身に相談相手になってくれる人はいないと思う	点
02. 人間は、他人の喜びや悩みを一緒に味わうことができると思う	点
03. 私のことを周りの人は理解してくれていると感じている	点
04. 私の生き方を、だれかが理解してくれていると信じている	点
05. 結局、自分はひとりでしかないと思う	点
06. 私の感じや考えを何人かの人はわかってくれないと思う	点
07. 私の感じや考えをだれもわかってくれないと思う	点
08. 自分の問題は、最後は自分で解決しなければならないのだと思う	点
09. 人間は本来、ひとりぼっちなのだと思う	点
10. 私の生き方をだれもわかってくれはしないと思う	点
11. 結局、人間はひとりで生きるように運命づけられていると思う	点
12. 私とまったく同じ考えや感じを持っている人が、必ずいると思う	点
13. 私の人生と同じ人生は、過去にも未来にもないと思う	点
14. だれも私をわかってくれないと、私は感じている	点
15. どんなに親しい人も結局、自分とは別個の人間であると思う	点

【結果の出し方】

① ▨▨▨の項目と、そうでない項目ごとに合計点を出します
　　U尺度得点（人間の相互理解の可能性に関する尺度）　　　　＿＿＿＿＿点
　　E尺度得点（人間の個別性に関する尺度）　　　　　　　　　＿＿＿＿＿点

② それぞれの点数によって次のようにタイプ分けされます

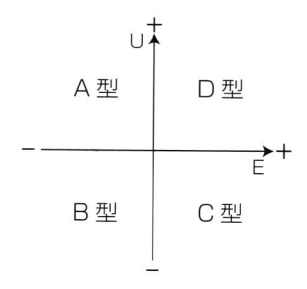

```
              U +
              |
       A型    |   D型
              |
    ──────────┼──────────＋
    －        |         E
              |
       B型    |   C型
              |
              −
```

A型：　一体感型。人間どうしは理解できる存在だが、個別性に気がついていない
B型：　人間不信型。人間どうしは理解できないと考え、個別性にも気がついていない
C型：　わけ知りの不可知型。人間どうしは理解できないと考えているが、個別性に気づいている
D型：　個を尊重する積極型。人間どうしは理解できる存在と考え、個別性にも気づいている

11. LOVE & LIKE テスト

_____年_____月_____日　記入

　次の文章を読んで、そのとおりだと思う場合は「1」を、中間ぐらいのときは「2」を、全然そう思わない場合は「3」に○をつけてください。男性の場合は、彼を彼女に読み替えてください。

01. 彼が沈んでいたら、気持ちを引き立ててあげるのが私の大切な役目だ　　　　1　2　3
02. 彼になら、どんな秘密も打ち明けられる　　　　　　　　　　　　　　　　1　2　3
03. 彼の欠点に目をつむるくらい、かんたんなことだ　　　　　　　　　　　　1　2　3
04. 彼のためになら、何でもできる　　　　　　　　　　　　　　　　　　　　1　2　3
05. 彼を所有したいという感情が強い　　　　　　　　　　　　　　　　　　　1　2　3
06. 彼と二度と会えないことになれば、とてもみじめだ　　　　　　　　　　　1　2　3
07. さみしいときにまず考えるのは、彼の居場所を見つけることだ　　　　　　1　2　3
08. 自分がもっとも関心を持っていることの一つは、彼の幸せだ　　　　　　　1　2　3
09. 彼なら、ほとんどどんなことでも許してあげることができる　　　　　　　1　2　3
10. 彼の幸福に責任を感じる　　　　　　　　　　　　　　　　　　　　　　　1　2　3
11. 一緒にいるとき、彼をただ見つめているだけの時間が多い　　　　　　　　1　2　3
12. 彼から秘密を打ち明けられると、とても嬉しい　　　　　　　　　　　　　1　2　3
13. 彼なしにやっていくことは、とてもできない　　　　　　　　　　　　　　1　2　3
14. 彼と一緒のときは、同じような気分でいられる　　　　　　　　　　　　　1　2　3
15. 彼は非常に成熟した人柄だと思う　　　　　　　　　　　　　　　　　　　1　2　3
16. 彼は非常に適応力があると思う　　　　　　　　　　　　　　　　　　　　1　2　3
17. 責任のある仕事に、自信を持って彼を推薦できる　　　　　　　　　　　　1　2　3
18. 彼の判断を非常に信用している　　　　　　　　　　　　　　　　　　　　1　2　3
19. 知り合ってしばらくすれば、ほとんどの人が彼に好意を持つようになる　　1　2　3
20. 彼と自分にはいろいろ共通点が多い　　　　　　　　　　　　　　　　　　1　2　3
21. クラスやグループで選挙があれば、彼に投票するだろうと思う　　　　　　1　2　3
22. 彼は人からすぐに尊敬されるようになるタイプだと思う　　　　　　　　　1　2　3
23. 彼は非常に知的な人である　　　　　　　　　　　　　　　　　　　　　　1　2　3
24. 自分の知っている人のなかで、彼は人からもっとも好かれやすい人の一人だ　1　2　3
25. 彼は自分があんな風になりたいと思う人の一人だ　　　　　　　　　　　　1　2　3
26. 人から賞賛を集めることなど、彼にとってはやさしいことのように思える　1　2　3

【結果の出し方】
① 01～13がラブスケール、14～26がライクスケールの設問です。それぞれ「1＝9点、2＝5点、3＝1点」で合計点を出します

　　　　ラブスケール：_____点　　　　ライクスケール：_____点

② それぞれ70点以上が高得点です。愛情、好意ともに高いほうが結婚後、安定する関係といえます
　　ラブスケール（愛情尺度）：　相手に愛情を感じているかを判定。愛情の強さが反映されます
　　　【高得点】相手に強い愛情を感じ、恋愛関係になることを理想としている。結婚も意識。ただし、
　　　　　　　　ライクが低くて高得点のときは『恋に恋する状態』の可能性も
　　　【低得点】相手に対して愛情をあまり感じていない。友達、仲間関係の意識が強い
　　ライクスケール（好意尺度）：　相手に好意を感じているかを判定。信頼、尊敬が反映されます
　　　【高得点】人間的に尊敬、信頼しており、心の壁がない。また、相手を支援することに抵抗がない
　　　【低得点】相手を尊敬、信頼しておらず心理的に抵抗感を感じている。相手を支援したりもしない

12. 恋愛タイプチェック　　　　　＿＿＿年＿＿＿月＿＿＿日　記入

次の項目で、自分の気持ちに当てはまる番号に○をつけて下さい。

A　01. 恋愛はゲームだと思う
　　02. セックスは、思いっきり楽しみたい
　　03. 嫉妬深くないほうで、相手にもそういう人を求める
　　04. デートは自分が楽しめることを優先して考える
　　05. 同時に複数の人と付き合ってもいいと思う
　　06. 恋人といえども、プライバシーにはあまり踏み込まれたくない
　　07. デートスポットをよく知っている
　　08. 相手が喜んでいるかどうかはあまり気にしない
　　09. 恋人の昔の相手には興味がない
　　10. 自分が楽しければ恋人も楽しいはずだと思う
B　01. 恋愛よりもお見合いのほうが確実だと思う
　　02. 恋愛も出世の手段だと割り切れる
　　03. 恋人には社会的なつりあいを求める
　　04. 同じ容姿ならば家柄のいいほうを選ぶ
　　05. 自分の人生にとってメリットがあるかどうかは、大きな判断材料だと思う
　　06. 恋人には高収入の人がいい
　　07. いくら性格がよくても、貧乏人は恋愛の対象にならない
　　08. 恋人は自分の人生の目的を達成する手段の一つだ
　　09. 恋人選びにはまず基準をつくって、それに合うかどうかで考える
　　10. 身に着けているものが高価な人を好きになる
C　01. 恋人とは一番仲のいい友人だと思う
　　02. セックスをするよりも、一緒に趣味を楽しむほうが楽しい
　　03. たまにしか会わなくても平気だ
　　04. 激しいよりも、穏やかな恋愛のほうが性に合っている
　　05. 友だち夫婦が理想だ
　　06. 恋心とは、友情の延長で芽生えるものだ
　　07. いつの間にか恋人になっているほうが楽だ
　　08. 毎日会わなくても心は通じていると思う
　　09. 二人は友愛で結ばれていると思う
　　10. 人生の目標は結婚して穏やかな家庭を持つことだ
D　01. 恋人のためならば、自分は犠牲になってもいい
　　02. まめに世話を焼くタイプだ
　　03. 恋人が喜ぶ顔を見ているのが好きだ
　　04. 自分が恋人にとって必要かどうかを、いつも気にしている
　　05. 浮気をされても耐えられる
　　06. デートは、恋人が楽しいと思えることを選ぶ
　　07. 恋人に何か頼まれることが嬉しい
　　08. 恋人のためなら何でもする
　　09. 尽くしてもらうよりも、尽くすほうが気が楽だ
　　10. 恋人の好きなことだったら、自分の気が進まなくてもつきあう
E　01. 外見が美しい人が好きだ
　　02. 激しく燃えあがるような恋に、あこがれる
　　03. よく一目惚れをする

04. 恋愛中は、その人だけを好きになるべきだ
　　05. 恋をすると夢中になるほうだ
　　06. 愛のないセックスは絶対に認めない
　　07. 愛する人がいるのに、浮気をする人の気持ちがわからない
　　08. 恋人のために、詩や絵を書いたことがある
　　09. ロミオとジュリエットのような恋が、理想だ
　　10. お見合いより、熱烈な恋愛結婚をしたい
F　01. 恋人はいつも自分のことだけを考えていて欲しい
　　02. 恋人が他の異性の話をしているだけでも不快だ
　　03. 恋人が浮気をしていると考えただけで、体の調子が悪くなる
　　04. 感情の起伏が激しいほうだ
　　05. 愛されているかどうかを、繰り返し確認しないと気がすまない
　　06. 恋人のことは、何もかも知りたい
　　07. 一日声を聞かないと不安になり、電話をしてしまう
　　08. 何をしていても恋人のことを考えてしまう
　　09. 恋人の体の一部が、むしょうに好きだ
　　10. 恋人と別れることを想像しただけで、具合が悪くなる

【結果の出し方】

A～Fの項目で○がいちばん多かったグループが、あなたの恋愛タイプです

　　A：**ルダス【遊びの愛】**　→　相性が悪いタイプ：アガペ
　　　　愛をゲームととらえ、楽しむことを大切に考えるタイプ。基本的に交際相手に執着せず、快楽を追求して、複数との恋愛経験を楽しむことも。遊びの情報をたくさん持ち、恋人と一緒に積極的に楽しもうとする
　　B：**プラグマ【実利的な愛】**　→　相性が悪いタイプ：エロス
　　　　恋愛を地位の向上など恋愛以外の目的を達成するための手段と考えている恋愛タイプ。社会的に高い地位やよりよい家庭などさまざまな目的で恋愛相手を選ぶ。その際には、社会的な地位といった基準を立てる
　　C：**ストーゲイ【友情的な愛】**　→　相性が悪いタイプ：マニア
　　　　長い時間をかけて愛を育んでいく恋愛タイプ。友人からはじまって、気がつくと「結婚するならこの人」となるような恋愛。恋人に友情や仲間意識に近い感情を持っていて、はげしい嫉妬や不安などを感じにくい
　　D：**アガペ【愛他的な愛】**　→　相性が悪いタイプ：ルダス
　　　　相手の幸福、利益を考えて、自分自身を犠牲にすることもいとわない恋愛タイプ。恋人の時間やエネルギーを共有するだけで満足。恋人に対してサービス精神が高い
　　E：**エロス【美への愛】**　→　相性が悪いタイプ：プラグマ
　　　　人の外見（美しさ）に情熱的な反応を起こす恋愛タイプ。一目惚れしやすく、胸がときめき張り裂けそうな感情が表れる。恋人に自分の理想を見て強い憧れを抱く。ロマンチックで恋愛至上主義者
　　F：**マニア【熱狂的な愛】**　→　相性が悪いタイプ：ストーゲイ
　　　　はげしい感情をともない、独占欲が強く嫉妬深い恋愛タイプ。束縛的で愛されていることを繰り返し確かめる。相手が異性の話をするだけで嫉妬に駆られることも。冷静を心がけ、互いの信頼を築く努力が大切

１３．エゴグラム

_____年_____月_____日　記入

以下の質問に、「はい（○）」「どちらともつかない（△）」「いいえ（×）」で答えてください。ただし、できるだけ○か×で答えるよう気をつけてください。

CP	1	間違ったことに対して、間違いだと言います。		合計（　　）点
	2	時間を守らないことは嫌です。		
	3	規則やルールを守ります。		
	4	人や自分をとがめます。		
	5	"～すべきである" "～ねばならない" と思います。		
	6	決めたことは最後まで守らないと気がすみません。		
	7	借りたお金を期限までに返さないと気になります。		
	8	約束を破ることはありません。		
	9	不正なことには妥協しません。		
	10	無責任な人を見ると許せません。		

NP	1	思いやりがあります。		合計（　　）点
	2	人をほめるのが上手です。		
	3	人の話をよく聞いてあげます。		
	4	人の気持ちを考えます。		
	5	ちょっとした贈り物でもしたいほうです。		
	6	人の失敗に寛大です。		
	7	世話好きです。		
	8	自分から暖かく挨拶します。		
	9	困っている人をみるとなんとかしてあげます。		
	10	子供や目下の人を可愛がります。		

A	1	何でも、何が中心問題か考えます。		合計（　　）点
	2	物事を分析して、事実に基づいて考えます。		
	3	"なぜ" そうなのか理由を検討します。		
	4	情緒的というより論理的です。		
	5	新聞の社会面などには関心があります。		
	6	結末を予測して、準備します。		
	7	物事を冷静に判断します。		
	8	わからないときはわかるまで追求します。		
	9	仕事や生活の予定を記録します。		
	10	他の人ならどうするだろうかと客観視します。		

	1	してみたいことがいっぱいあります。		合計
	2	気分転換が上手です。		
	3	よく笑います。		
	4	好奇心が強いほうです。		（
F	5	物事を明るく考えます。		
C	6	茶目っ気があります。		
	7	新しいことが好きです。		
	8	将来の夢や楽しいことを空想するのが好きです。		）
	9	趣味が豊かです。		点
	10	"わあ""すごい""へえ〜"等の感嘆詞を使います。		

	1	人の気持ちが気になって合わせてしまいます。		合計
	2	人前にでるより、後ろに引っ込んでしまいます。		
	3	よく後悔します。		
	4	相手の顔色をうかがいます。		（
A	5	不愉快なことがあっても口に出さず、押さえてしまいます。		
C	6	人によく思われようと振る舞います。		
	7	協調性があります。		
	8	遠慮がちです。		）
	9	周囲の人の意見にふりまわされます。		点
	10	自分が悪くもないのに、すぐ謝ります。		

【結果の出し方】
① 〇を2点、△を1点、×を0点として、それぞれの項目ごとに合計点を出します

② それぞれの得点を下のグラフにマークして、つないで折れ線グラフを書いてください

	CP	NP	A	FC	AC
20					
18					
16					
14					
12					
10					
8					
6					
4					
2					
0					

１４．ＯＫグラム

　　　　年　　　月　　　日　記入

次の質問にあてはまれば〇を、あてはまらなければ×を、またどちらともいえなければ△を、□の中に書きこんでください。

1	私は自分のことが好きである
2	私は皆から好かれる人間ではないと思う
3	私は生まれてからずっと大事に育てられたと思う
4	自分の誕生はあまり歓迎されなかったような気がする
5	私は基本的に人間を信用していない
6	私は今の生活で必要とされる（役に立つ）人間だと思う
7	私は自分のことをダメな人間と思うことがある
8	他の人のやり方や考え方が自分と違っていても、とくにイヤな気にならない
9	相手を尊重することは、その気持ちを理解することだと思うので、努めて実行している
10	人から頼りになる人と思われている
11	私は自分から積極的に行動をとるほうである
12	消極的な性格で失敗がこわいので、ものごとに手を出さない
13	ときどき相手を追い込んだり、やりこめたりすることがある
14	私は自分のしたことをよく後悔する
15	相手が思ったとおりのことをしてくれないと、とても腹が立ってイライラする
16	人のよい点よりも、悪い点を指摘するほうである
17	私は基本的には他人を信用するほうである
18	子供を含めて、誰でも自分の意見を持つのはよいことだと思う
19	自分では決断して行動することがなかなかできない
20	自分の容姿には自信がない
21	自分の顔や姿に魅力があると思う
22	自信がないので、だいたい何でも人に合わせる
23	内心では、人を助けることは甘やかすことだから、その必要はないと思っている
24	自分の能力のうち、あるものに自信を持っている
25	人々が自己主張をしたり、経済的に豊かになることはよいことだと思う
26	自分の考えややり方と違う人とは、できればつきあいたくない
27	私はたいていの人とうまくやっていける
28	他の人の生活が順調にいっているとき、「よかった」と喜んであげられる
29	私は人前で話すとき、あまり不安になったり、あがったりしない
30	友人や同僚と一緒にいることは好きではない
31	キライな人とでも、一緒にうまく仕事はできる
32	後輩や部下は、私に従うのは当たり前だと思う
33	人は誰でも自分でものごとを決める権利があると思う
34	仲間が失敗しても、いつまでもチクチク責めるようなことはしない

		A	B	C	D
35	あまり自分自身を尊敬できない				
36	同僚や友人に比べ、私の他人に対する評価は厳しい				
37	私はあまり人を褒めないほうである				
38	私はたいていの人がやれる程度のことはまあまあできる				
39	私には、人を利用して自分の立場や仕事をよくしようという傾向がある				
40	私はミスをしたり、がっかりすることがあっても、前向きに考えていける				

【結果の出し方】

① 縦のラインごとに、○を2点、△を1点、×を0点として合計した得点を書きこんでください

   A：＿＿＿＿点 B：＿＿＿＿点 C：＿＿＿＿点 D：＿＿＿＿点

② それぞれの得点を、それぞれが対応する軸にマークして、例のように結んでください

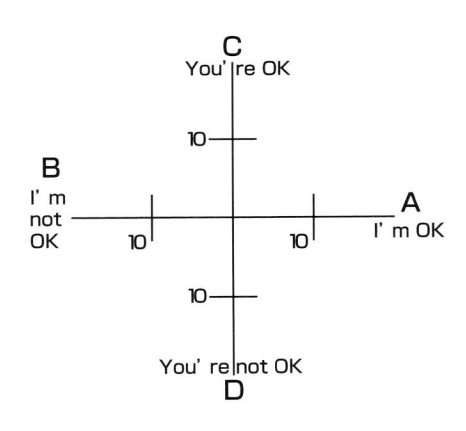

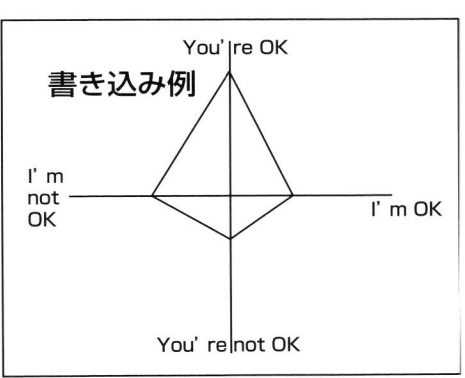

１５．ドライバーズチェック　　　＿＿＿年＿＿＿月＿＿＿日　記入

自分のふだんの行動に当てはまると思う番号を書き込んでください。
（０：まったくない　１：少し当てはまる　２：だいたい当てはまる　３：よく当てはまる）

01. 会話中、「私の考えでは……」と自分の意見をはっきり述べたり、そうしたい衝動を感じる
02. 話すとき、肩などの筋肉が緊張する
03. 要点を指で数え上げたり、多少オーバーなジェスチャーをしがちである
04. 何をしても、これで十分だろうかという不安があり、
　　もう少し念のために何かやっておきたい衝動を感じる
05. ここでやめておけばと思っても、つい、一言余計なことをしゃべってしまう
06. 「できるだけやってみます……やってはみますが」など、責任をぼかす表現が多い
07. 質問にずばりと答えず、どこか歯切れの悪い答え方、間接的な答え方をしたがる
08. 人と話すとき、前にのめるような姿勢で、話を熱心に聞こうとする
09. 「努力しなければ……努力さえしていれば何とかなる」と自分に言い聞かせる
10. 話すとき、肩などの筋肉と胃などの体内の両方に緊張感がある
11. 「ねっ、そうでしょ」のように同意を求める言葉、「それでよろしいでしょうか」のように
　　相手の機嫌をうかがう言葉が多い
12. 話すとき、胃など体の奥のほうに緊張感を感じるが、肩などの筋肉はあまり固くならない
13. 「他人を十分満足させているか。まだ気配りが足りないのでは」と、自分に言い聞かせる
14. 大勢の前では出しゃばらないように気をつけ、目立つ行為はしたくない
15. 会話ではほかの人に比べ、うなずく回数が多い
16. 人が話し終える前にさえぎるように話してしまう。あるいはそうしたい衝動を感じる
17. ほかの人に比べ、動作がセカセカしている
18. 何をしていても「時間内にやり終えないだろう……そうなると大変だ」という不安がある
19. 貧乏ゆすり、指で机をたたくなど、体の一部を小刻みに繰り返し動かすクセがある
20. 会話で「さあ、やろう」「急ごう」といった、せきたてる言葉が多い
21. ほかの人に比べ、動作がぎこちなく、堅苦しい
22. 会話に感情表現がなく、「別に……何でもないよ」など感情を抑圧するような言葉が多い
23. 心の中で、「自分の弱みは絶対に他人に見せない」と言い聞かせることが多い
24. 話すとき声調に抑揚がなく、単調で機械的である
25. 腕組みをしたり、椅子に座るとき足を組むのが好きだ

【結果の出し方】
番号をそのまま点数に数え、以下のように分けて合計を出します
　　　０１～０５　　　　　計＿＿＿＿＿点　（完全であれ）
　　　０６～１０　　　　　計＿＿＿＿＿点　（もっと努力しろ）
　　　１１～１５　　　　　計＿＿＿＿＿点　（他人を喜ばせろ）
　　　１６～２０　　　　　計＿＿＿＿＿点　（急げ）
　　　２１～２５　　　　　計＿＿＿＿＿点　（強くあれ！）

１６．自我同一性地位尺度

_____年_____月_____日　記入

次のそれぞれの文を読み、その内容が現在のあなたの気持ちや生き方にどれくらいあてはまるかを選択肢に○をつけて答えて下さい。

	そのとおりだ	かなりそうだ	どちらかといえばそうだ	どちらかといえばそうではない	そうではない	全然そうではない
01. 私はいま、自分の目標をなしとげるために努力している						
02. 私には、とくに打ち込むものはない						
03. 私は自分がどんな人間で何を望み、行おうとしているのか知っている						
04. 私は「こんなことがしたい」という確かなイメージを持っていない						
05. 私はこれまで、自分について自主的に重大な決断をしたことはない						
06. 私は、自分がどんな人間なのか、何がしたいのかということをかつて真剣に迷い考えたことがある						
07. 私は、親やまわりの人間の期待に沿った生き方をすることに、疑問を感じたことはない						
08. 私は以前、自分のそれまでの生き方に自信が持てなくなったことがある						
09. 私は、一生懸命に打ち込めるものを積極的に探し求めている						
10. 私は、環境に応じて、何をすることになってもかまわない						
11. 私は、自分がどういう人間であり、何をしようとしているのか、いまいくつかの可能性を比べ真剣に考えている						
12. 私には、自分がこの人生で何か意味のあることができるとは思えない						
	1点	2点	3点	4点	5点	6点

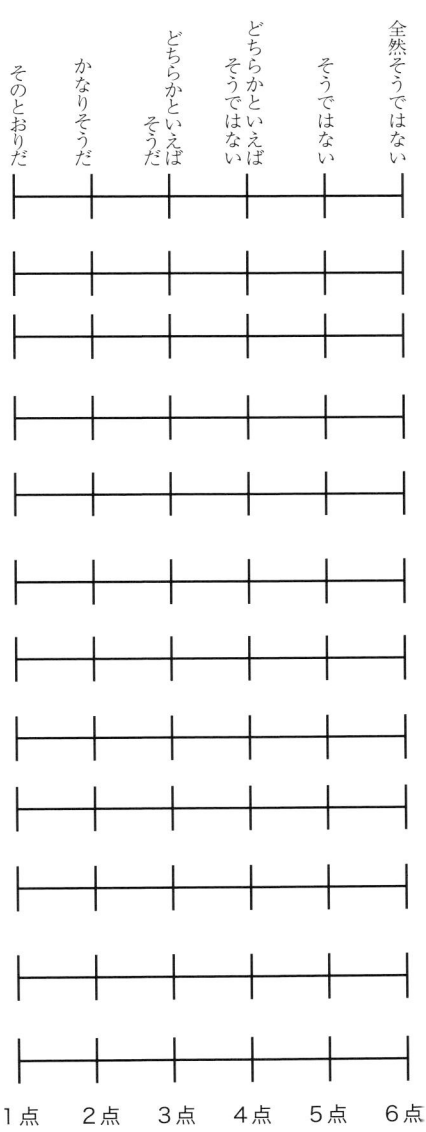

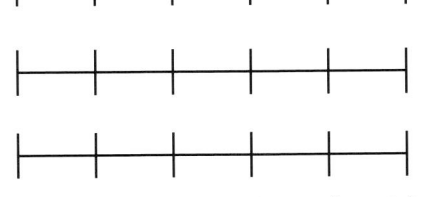

【結果の出し方】
① 質問への結果から以下の３つの数値を計算します。
　A：『現在の自己投入』　＝　（１）－（２）＋（３）－（４）＋１４
　B：『過去の危機』　　　＝　－（５）＋（６）－（７）＋（８）＋１４
　C：『将来の自己投入』　＝　（９）－（１０）＋（１１）－（１２）＋１４

② A、B、Cの数値によって下記のチャートで行き着いたところが同一性地位の分類です。

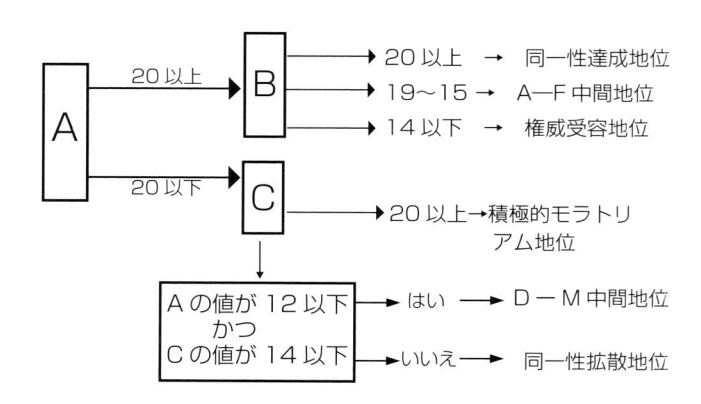

```
              20以上    ┌→ 20以上  →  同一性達成地位
      ┌─────────→  B  ├→ 19～15 →  A－F中間地位
┌───┐ │                 └→ 14以下  →  権威受容地位
│ A │─┤
└───┘ │ 20以下          ┌→ 20以上→積極的モラトリ
      └─────────→  C  │           アム地位
                      │
                      ↓
              ┌──────────────┐  はい → D－M中間地位
              │ Aの値が12以下 │
              │    かつ      │
              │ Cの値が14以下 │  いいえ → 同一性拡散地位
              └──────────────┘
```

１７．モラトリアム度

_____年_____月_____日　記入

次の文章を読んで、自分に当てはまるものの番号に○をつけて下さい。

01. いまの自分は本当の自分ではないと思う
02. 将来は、ものすごく裕福で幸福になれると思う
03. 社会情勢がいまの自分の状況に影響をおよぼしている
04. いまだに、両親が小遣いをくれる。資金援助してくれる
05. あれこれ夢想することが好きだ
06. 失敗したりうまくいかなかったのは、自分のせいでなく、
    他にいろいろ原因があったからだと思う
07. もう少し時間がたてば、きっとこの状況は改善される
08. まわりの友人、知人がみな、自分より幸福な生活をしている
09. 過去は過去で、いまの自分とはあまり関係がない
10. 自分の人生は10年後に開花する
11. 一番信頼できる相談相手は、両親である
12. 実家にたびたび帰る。または帰りたいと思う
13. いまの妻（夫、恋人、友人）は、自分とは本当は合わないと思う
14. 何かすごくいい事が起きるような予感がする
15. 学生に戻れるなら、戻ってやりなおしたい
16. 昔の恋人や事件が忘れられない
17. いまのことを話題にするより将来のことを話題としたい
18. 尊敬できる人や成功した人のまねをする。または、したいと思う
19. あなたの信条は？と聞かれて、すぐに答えられない
20. 計画倒れが仕事やプライベートで多い

【結果の出し方】
○のついた数によって次のように考えられます。

　　　　　～　４：　自己の確立は完了しています。次の飛躍が確実に期待できます
　　　　５～　８：　人格形成も個としての自立もできています。問題のない生活を送っているはず
　　　　９～１２：　ふとしたことでモラトリアムな状況に。現在の行動ペースを守れるよう心がけて
　　　１３～１６：　しばしばモラトリアムな状況。仕事などをやりとげたときを思い出してください
　　　１７～　　：　モラトリアムな状況。いま一度、現実と自分の状況をよく確認してください

１８．アサーティブチェック

　　　　　年　　　　月　　　　日　記入

　次の項目を読み、普段の自分にあてはまるかどうか、チェックしてください。

～自分から働きかける言動～

01．誰かにいい感じを持ったとき、その気持ちを表現できる　　　　　　　（はい・いいえ）
02．自分の長所やなしとげたことを人にいえる　　　　　　　　　　　　　（はい・いいえ）
03．自分が神経質になったり緊張しているとき、それを受け入れられる　　（はい・いいえ）
04．見知らぬ人たちの会話に気楽に入っていける　　　　　　　　　　　　（はい・いいえ）
05．会話の場から立ち去ったり、別れをいったりできる　　　　　　　　　（はい・いいえ）
06．自分が知らないこと、わからないことの説明をお願いできる　　　　　（はい・いいえ）
07．人に援助を求めることができる　　　　　　　　　　　　　　　　　　（はい・いいえ）
08．人と異なった意見や感じを持っているとき、それを表現できる　　　　（はい・いいえ）
09．自分が間違っているとき、それを認めることができる　　　　　　　　（はい・いいえ）
10．適切な批判を述べることができる　　　　　　　　　　　　　　　　　（はい・いいえ）

～人に対応する言動～

11．人からほめられたとき、素直に対応できる　　　　　　　　　　　　　（はい・いいえ）
12．あなたの行為を批判されたとき、受けこたえができる　　　　　　　　（はい・いいえ）
13．あなたに対する不当な要求を拒むことができる　　　　　　　　　　　（はい・いいえ）
14．長電話や長話のとき、自分から話を終わらせる提案ができる　　　　　（はい・いいえ）
15．あなたの話を止めて話し出した人に、そのことを言える　　　　　　　（はい・いいえ）
16．パーティーや催しものの招待を、受けたり断ったりできる　　　　　　（はい・いいえ）
17．押し売りを断ることができる　　　　　　　　　　　　　　　　　　　（はい・いいえ）
18．あなたの注文と違ったものがきたとき、指摘して交渉できる　　　　　（はい・いいえ）
19．あなたに対する人の好意がわずらわしいとき、断ることができる　　　（はい・いいえ）
20．援助や助言を求められたとき、必要であれば断ることができる　　　　（はい・いいえ）

【結果の出し方】

アサーティブとは、「お互いの気持ちや立場を尊重しながら、自分の気持ちや考えを素直に伝える」という意味です。
「はい」についた○の数が10個以上であれば、アサーティブ度は普通といえます。ただし、否定的な感情で「はい」と答えたならば、相手に配慮していない発言の可能性があります。
　また、「いいえ」と答えた項目は、自己表現が苦手な領域といえるでしょう。
　自分の本当に思っていることを伝えられないと、
　１）結果的に相手の選択肢を減らしてしまい、相手の可能性を狭めてしまう
　２）自身の本音に逆らってしまうため、自分のことを好きでいられなくなり、つらくなる
　　　といった可能性が生まれてしまいます。
　なお、自分の要求を伝える時には次の４つのポイントがあります。参考にして下さい。
　１）相手を理解する態度をとる　（あなたも困ったことがあったら言ってね、など）
　２）要求の的を絞る（具体的に、要求はなるべく１つに）
　３）気持ちを伝える（困っています、私は嫌なんです、など）
　４）ボディランゲージも大事（目を見て話す、語尾までしっかりと言う、など）

１９．リーダーシップ度測定　　　　_____年_____月_____日　記入

それぞれ普段の自分にどれくらい当てはまるか、５段階でチェックしてください。

	めったにない　　　　いつも
01　私は属する集団のビジョンを明確に持っている	1　2　3　4　5
02　集団での地位にかかわらず私は人一倍よく働く	1　2　3　4　5
03　私にとって異質な人（外国人や障碍者など）と接するとき学ぶことがたくさんあると思う	1　2　3　4　5
04　私は自分が話すより人の話を聞くように努めている	1　2　3　4　5
05　異文化交流（外国人、違う世代など）の機会を積極的に求めている	1　2　3　4　5
06　対立や誤解があってもアサーティブに対話できる	1　2　3　4　5
07　人の能力を雄弁さや効率性のみで計らない	1　2　3　4　5
08　自分の持つ偏見に意識的である	1　2　3　4　5
09　相手の長所をどう活用するか考えている	1　2　3　4　5
10　ネットワークづくりが得意で、さまざまな団体、個人と仕事を通じたつながりや協力関係をつくるのが上手だ	1　2　3　4　5

【結果の出し方】
○のついた数値の合計を10で割った平均値で次のように考えられます。

４～　　：　多様性社会におけるリーダーシップの適正をすでに備えている
３～４　：　リーダーの適正は備えているが、多様性の尊重に理解を深めるとよい。または、多様性の理解は十分だが、リーダーとしての適正を意識的に身につけるとよい
１～２　：　リーダーとしての適正を再確認。同時に多様性を尊重することを、自分と異質な人との出会いをとおして身につけるよう努めましょう

２０．境界例チェックリスト　　　　　＿＿＿年＿＿＿月＿＿＿日　記入

以下の項目で、自分にあてはまるものに○をつけてください。

01. 私は周囲の人や物事から、いつも見放されている気がする
02. 気が狂うのではないかと恐れている
03. 自分を傷つけたくなるときがある
04. 他人と親しい個人的な関係を持つのを恐れている
05. 最初に会ったときは立派な人に見えても、すぐがっかりすることが多い
06. 他人は私に失望している
07. 私は人生に立ち向かう力がないと感じている
08. このところ、ずっと幸福だと思ったことがない
09. 私の内面は空虚だと思う
10. 自分の人生を自分でコントロールできないと思う
11. たいてい私は孤独だと思う
12. 私は自分がなろうとした人間と違う人間になってしまった
13. 私は何でも新しいことが怖い
14. 記憶力に問題がある
15. 何かを決定することが難しい
16. 私の周りには何か壁があるような気がする
17. いったい私は誰なのかと困ってしまう
18. 将来に不安がある
19. ときどき私はバラバラになるように感じる
20. 人前で気を失うのではないかと心配している
21. できるだけ努力しても決してうまくいかない
22. 自分が何かを演じているように自分を見ている
23. 私がいないほうが、家族はむしろうまくやっていくだろう
24. 私はいたるところで失敗している人間だと思いはじめている
25. この先、何をしたいのかわからない
26. 人間関係のなかに入ると自由でなくなってしまうように感じる
27. 誰も私を好きにならない

28. 実際に起こったことと、想像したことの区別がわからない
29. 他人は私を「物」のように扱う
30. 何か変な考えが頭に浮かぶとそれを取り除けない
31. 人生には希望はないと思う
32. 自分自身を尊敬することができない
33. 私はまるで霧のなかで生きているようにはっきりしない
34. 私は人生の失敗者だ
35. 誰か他人の責任を負うことは怖いことだ
36. 自分が他人に必要とされている人間だと感じない
37. 私は真の友人を持っていない
38. 私は自分の人生を生きることができないと思っている
39. 買物や映画のような人混みにいると不安になる
40. 友人をつくることが下手である
41. 私はもはや人に認められる人間になるには遅すぎる
42. 周りの人が勝手に自分の心を読んでいるのではないかと思う
43. 私の周りで何かが起こりそうだと感じる
44. 残酷な考えが浮かんで苦しむことがある
45. 私は自分が男性（女性）であることに自信を持っていない
46. 長く友人づきあいができない
47. 自分を憎んでいる
48. 広い場所や市街に出るのが恐ろしい
49. 私はときどき「自分は生きている」と自分に言い聞かせている
50. ときどき私は自分自身でないと思う

【結果の出し方】
○が30以上あれば、境界例・境界性人格障碍（ボーダーライン）の可能性がある

２１．燃え尽き尺度

_____年_____月_____日　記入

あなたは、この半年間に、次のようなことがどれぐらい起こりましたか？　当てはまると思う番号に○をつけてください。（選択肢：１ない　２まれに　３ときどき　４しばしば　５いつも）

01.	「こんな仕事、もうやめたい」と思うことがある	1	2	3	4	5
02.	われを忘れるほど仕事に熱中することがある	1	2	3	4	5
03.	細々と気配りすることが面倒に感じることがある	1	2	3	4	5
04.	この仕事は自分の性分に合っていると思うことがある	1	2	3	4	5
05.	同僚や仕事相手の顔を見るのもイヤになることがある	1	2	3	4	5
06.	同僚やほかの人よりも働きすぎていると思うことがある	1	2	3	4	5
07.	自分の仕事がつまらなく思えて仕方のないことがある	1	2	3	4	5
08.	１日の仕事が終わると「やっと終わった」と感じることがある	1	2	3	4	5
09.	同僚や仕事相手の気持ちを思いやるのが苦手に感じることがある	1	2	3	4	5
10.	出勤前、職場に出るのがイヤになって、家にいたいと思うことがある	1	2	3	4	5
11.	仕事を、何もかも途中で投げ出したくなることがある	1	2	3	4	5
12.	仕事を終えて、今日は気持ちのよい日だったと思うことがある	1	2	3	4	5
13.	同僚や仕事の相手と、何も話したくなくなることがある	1	2	3	4	5
14.	仕事の成り行きや結果はどうでもよいと思うことがある	1	2	3	4	5
15.	仕事よりも、自分の生活を大事にしたいと感じることがある	1	2	3	4	5
16.	仕事に、心から喜びを感じることがある	1	2	3	4	5
17.	いまの仕事は私にとってあまり意味がないと思うことがある	1	2	3	4	5
18.	仕事が楽しくて、知らないうちに時間が過ぎることがある	1	2	3	4	5
19.	体も気持ちも疲れ果てたと思うことがある	1	2	3	4	5
20.	われながら、仕事をうまくやり終えたと思うことがある	1	2	3	4	5
21.	この仕事は、私にしかできないと思うことがある	1	2	3	4	5
22.	同僚や仕事相手に対して、投げやりな言葉づかいをすることがある	1	2	3	4	5
23.	朝起きたとき、昨日の疲れがまだ残っていると感じることがある	1	2	3	4	5

【結果の出し方】
① 　網のかかっていない項目（15項目）の合計を15で割って平均値を出します（：A）
② 　網のかかった項目（8項目）の合計を8で割って平均値を出します（：B）
③ 　　　　A＞B　　　バーンアウトに気をつけて
　　　　　A＜B　　　大丈夫です！

※　燃え尽き症候群（バーンアウト・シンドローム）
　仕事への気力を燃え尽きたかのように失って、心身ともに疲れ果てた不適応状態のこと。とくに緊張の持続を強いられ、かつ努力の成果が表れにくい仕事や職業に多く見られる。

22. 摂食態度検査

_____年_____月_____日　記入

各項目について、当てはまる頻度に○をつけてみましょう。

　　　　　　　　　　　　　　　　　　　　　　　いつも　非常にしばしば　しばしば　時々　たまに

01. 体重が増えすぎるのではないかと心配する
02. 空腹の時でも食事を避ける
03. 食べ物のことが頭から離れない
04. 制止できそうにないと思うほどのむちゃ喰いをすることがある
05. 食べ物を小さく切り刻む
06. 食べ物に対する自制心を他の人に示すことができる
07. 食べ物のカロリーを気にしながら食べる
08. 炭水化物の多い食べ物を食べないようにしている
09. 私がもっと食べるように他の人が望んでいるように思う
10. 食後に吐き出す（嘔吐する）
11. 食後に、ひどくやましいことをしたと思う
12. 痩せたいという思いで頭が一杯だ
13. 運動をすると、食べたカロリーを消費したかどうか気になる
14. 私は皆からすごく痩せていると思われている
15. 自分の体に脂肪がついているという考えが常にある
16. 他の人よりも食事に時間がかかる
17. 糖分の多い食事を避ける
18. ダイエット食（美容食）を食べている
19. 私の生活の大部分は食べ物に振りまわされていると思う
20. 他の人たちが私に食べるように無理強いしていると思う
21. 食べ物に関して時間をかけすぎたり、考えすぎたりしていると思う
22. 甘いものを食べた後、不愉快な気持ちになる
23. ダイエット（食事制限）に励んでいる
24. 胃の中を空っぽにしておきたいと思っている
25. 栄養に富んだ食べ物を食べるのは楽しいと思う
26. 食後に嘔吐したいという衝動に駆られる

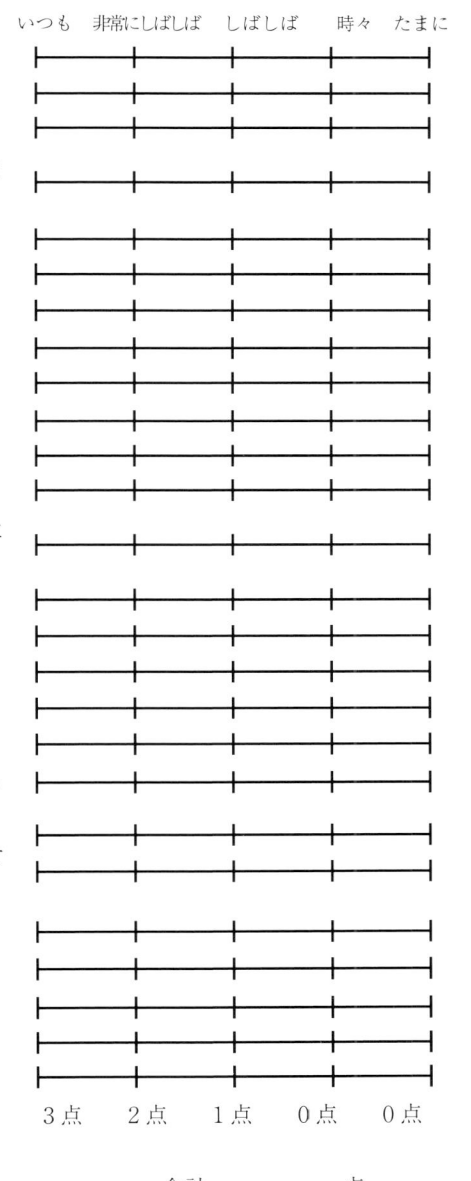

　　　　　　　　　　　　　　　　　　　　　　　3点　　2点　　1点　　0点　　0点

　　　　　　　　　　　　　　　合計_____点
　　　　　　　　　　　20点以上なら摂食障碍の疑いが強い

井上のり子

精神保健福祉士。早稲田大学大学院文学研究科心理学専攻修士課程終了。大学院時より世田谷区玉川保健所（現玉川保健福祉センター）にて、精神障碍者社会復帰事業ディ・ケアーグループワーカー、都内心療内科・精神科にて、心理テスター・カウンセラーを兼務。

財団法人パブリックヘルスリサーチセンター・ストレス科学研究所 研究員を経て、現在、長生学園、淑徳短期大学、京葉介護福祉専門学校など、都内近郊の各種専門学校・短大にて、高齢者心理学、心理相談法、人間関係論などの非常勤講師、神奈川県立衛生看護専門学校、横須賀市立看護専門学校にてスクールカウンセラーを務める。

また、感情サービス業（ケアテイカー）のケアをする活動を目下展開中である。

『ヒューマン・ディベロップメント』第Ⅲ部第15章を担当（ナカニシヤ出版）。

Twitter　　http://twitter.com/inorin21

ワークシート式　はじめての心理学

2008年4月7日　初版第1刷発行
2024年4月1日　初版第5刷発行

著　者　井上のり子
発行人　佐藤有美
編集人　渡部　周
発行所　株式会社 経済界
　　　　〒100-0014　東京都千代田区永田町2-4-11 フレンドビル
　　　　出版局　出版編集部　☎03(6441)3743
　　　　　　　　出版営業部　☎03(6441)3744
　　　　振　替　00130-8-160266
印刷所　株式会社 光邦

ISBN978-4-7667-8416-9 C0011
©Noriko Inoue 2008 Printed in Japan

本書の一部または全部を無断で複写〔コピー〕複製、転載、引用、テープ化、ファイル化すること、コンピューターの内部記憶装置への記憶、放送、上映、通信等をすることは、法律で認められた場合を除き著作権者、出版社への権利侵害になります。